完全图解现代儿童教育心理新话题

探索言语障碍儿童的世界

张 明 主编

科学出版社

北京

内 容 简 介

本书作为"完全图解现代儿童教育心理新话题"丛书之一,阐述了儿童言语障碍的相关知识。主要内容包括儿童言语障碍的基础知识,儿童言语障碍发生的原因、症状与诊断方法,以及家长、教师和学校应对、帮助言语障碍儿童的对策等。

将儿童言语障碍的相关内容,以各个独立的话题呈现,旨在使读者轻松地获取儿童言语障碍的科普知识。从而带领读者走进言语障碍儿童的世界,以帮助言语障碍儿童增强信心、发挥潜能、融入正常的生活中。

本书对于读者具有较强的指导作用和实用价值,是教师和家长重要的资料和参考书。

图书在版编目(CIP)数据

探索言语障碍儿童的世界/张明主编.—北京:科学出版社,2017.8
(完全图解现代儿童教育心理新话题)
ISBN 978-7-03-053759-1

Ⅰ.探⋯ Ⅱ.张⋯ Ⅲ.言语障碍-儿童教育-特殊教育 Ⅳ.G76

中国版本图书馆CIP数据核字(2017)第138878号

责任编辑:张莉莉 赵丽艳/责任制作:魏 谨
责任印制:张 倩/封面设计:杨安安
北京东方科龙图文有限公司 制作
http://www.okbook.com.cn

科 学 出 版 社 出版
北京东黄城根北街16号
邮政编码:100717
http://www.sciencep.com

天津市新科印刷有限公司 印刷
科学出版社发行 各地新华书店经销

*

2017年8月第 一 版　　开本:720×1000 1/16
2017年8月第一次印刷　　印张:12 1/4
　　　　　　　　　　　字数:200 000

定价:39.80元

(如有印装质量问题,我社负责调换)

《探索言语障碍儿童的世界》编委会

主　编：张　明
副主编：唐晓雨　刘　苏
编　者：刘　苏　唐晓雨　张天阳　何嘉滢
　　　　杨　冉　牛溪溪　鲁　柯　韩胜杰

序 言

在我们身边有少数这样的儿童或青少年：

（1）他们的听觉器官没有损伤，却难以理解他人的言语；他们活泼聪明却总是词汇贫乏、使人无法理解他们要表达的意思；他们认真努力却总是把一个简单的字左右两边写颠倒。

（2）他们身体健康无病，却常常焦虑或惊恐不安；胆怯、害羞或退缩；爱发脾气、情绪低落；反复的、刻板的强迫观念或强迫动作。

（3）他们学习动机、情绪和行为都没有问题，在其他学业领域可能也正常，却在阅读技能方面有明显缺陷，对书面语言的阅读理解困难。

（4）他们的智商不低，可上课却总是走神，很难集中注意听讲5分钟以上，学习成绩差，是教师眼中"聪明的笨孩子"。

社会大众已经开始对上述人群给予关注，教师和家长十分渴望得到有效的方法去帮助和指导他们，但仍存在许多误区和困惑。如何正确地认识这些障碍？怎样辨别、理解和帮助这些人？这正是我们编写这套丛书的目的。

在面对上述困惑时，人们虽然在网上或专业书籍中可以查到相关资料，但晦涩难懂的专业术语，零散的知识使人眼花缭乱，根本无法获得科学而有益的帮助。这套图解科普丛书，正是为了帮助广大读者解决内心困扰而撰写的。这套书包括《探索言语障碍儿童的世界》《破解儿童情绪障碍的难题》《走出儿童阅读障碍的困境》和《找寻注意缺陷多动障碍的对策》。其特点是将许多相关科学知识用通俗易懂的语言和生动、直观的图表形式表现出来，并且将每一话题作为一个独立的单元，使读者阅读时感到轻松。

我们试图在介绍相关科学知识的同时，给读者一个启示：对这些障碍人群问题本质的理解，有助于帮助这些人增强信心，发挥潜能，融入正常的生活中。

本丛书由我主持编写，参加编写的各位编者均是有心理学专业背景的一线心理辅导教师，他们付出了很多辛勤的劳动。借此机会对参与书稿编写的同仁致以由衷的谢意，正是各位辛勤的劳动才使这套丛书得以与读者见面。

尽管我和各位编者花费了很多的时间和精力在此书稿之中，但文中的疏误在所难免，还望读者诸君不吝指正。

张　明

二〇一六年秋于苏州独墅湖畔

CONTENTS/目录

第1章

言语障碍的基础知识

002
你知道什么是言语障碍吗

004
一位母亲的日记（上）

006
一位母亲的日记（下）

008
口齿不清的烦恼

010
难以理解与难以表达

012
如何鉴别孩子有言语障碍

014
如何治疗构音障碍

016
如何治疗失语症

018
话说不好就是智障吗

020
言语障碍和注意缺陷多动障碍相同吗

022
患言语障碍的名人——爱因斯坦

024
事业成功的"田刚"

026
偶像明星汤姆·克鲁斯

028
专栏一　儿童言语发展的阶段

第2章 是什么导致了儿童的言语障碍

030
孩子，你为什么生病了

032
哪些器官支持言语发展呢

034
声音从哪里出来呢

036
是谁在说话

038
言语障碍与大脑哪些部分有关

040
儿童怎样理解信息

042
儿童大脑如何加工信息

044
让孩子有个快乐的童年

046
多和孩子说说话

048
父母要多引导孩子

050
撒娇的孩子有"饭"吃吗

052
不要"拔苗助长"

054
专栏二　言语障碍的致病因素

CONTENTS/目录

第3章
儿童言语障碍的症状与诊断

056
言语障碍的症状表现有哪些

058
判断儿童属于哪种言语障碍

060
不能与他人交流的言语障碍儿童

062
孩子,为什么你写作业很困难

064
言语障碍儿童在文字书写上表现的不足

066
言语障碍儿童为什么学习有困难

068
言语障碍儿童眼中的图形

070
言语障碍儿童在日常生活中的问题

072
言语障碍儿童在集体生活中的常见问题

074
言语障碍婴儿期与幼儿期的特点

076
言语障碍在幼儿后期的特点

078
家长要多观察儿童言语发展情况

080
孩子的说话有问题吗

082
如何确定孩子是否有言语障碍

084
国外有关言语功能的量表

086
国内关于言语功能的测定方法

088
言语障碍会伴随其他病症吗

090
口吃是言语障碍吗

092
专栏三　儿童言语障碍的简易诊断

第4章

如何帮助言语障碍儿童

094
家长要理解言语障碍儿童

096
家长的态度很重要

098
父母要言行一致

100
家庭教育如何帮助言语障碍儿童

102
从小培养孩子的语言能力

104
家长要注重培养言语障碍儿童的社交技能

106
父母和孩子间要平等交流

108
给予孩子符合年龄的支持

110
你对孩子的赏识有几分

112
如何恰当地表扬和批评孩子

114
家长可以给言语障碍儿童哪些帮助

116
家长如何帮助孩子养成好习惯

118
家长与儿童一起制定"新目标"

120
给孩子自己选择的机会

122
有始有终很重要

124
父母是孩子的第一任老师

126
入学前准备及网络支持

128
让孩子做老师

CONTENTS/目录

第5章 学校教育如何帮助言语障碍儿童

130
如何教宝宝说话（上）

132
如何教宝宝说话（下）

134
儿童自己应了解自身的情况

136
如何让孩子了解和接受他目前的状况

138
言语障碍儿童应怎样调节情绪

140
言语障碍儿童在学习上应注意哪些方面

142
儿童要学会主动向他人求助

144
专栏四　运动可以促进大脑的发展

146
老师，需要您的关注

148
儿童需要个体指导吗

150
老师该怎么做

152
言语障碍儿童的课堂教学方法（上）

154
言语障碍儿童的课堂教学方法（中）

156
言语障碍儿童的课堂教学方法（下）

158
教师要在教学上多下功夫

160
如何帮助孩子摆脱书写困难（上）

162
如何帮助孩子摆脱书写困难（下）

164
教师专业素质的提高

166
教师和家长应经常保持联系

168
教师要帮助言语障碍儿童
改正不良行为

170
教师如何改正儿童的不良行为

172
学校能够给予哪些帮助

174
将有障碍学生的教育纳入
学校的经营和管理

176
"特别"对待言语障碍儿童

178
对言语障碍儿童进行小团体教学

180
关注特殊教育节目信息的传播

182
学校如何教育言语障碍儿童

184
专栏五　言语障碍儿童的未来发展

第1章
言语障碍的基础知识

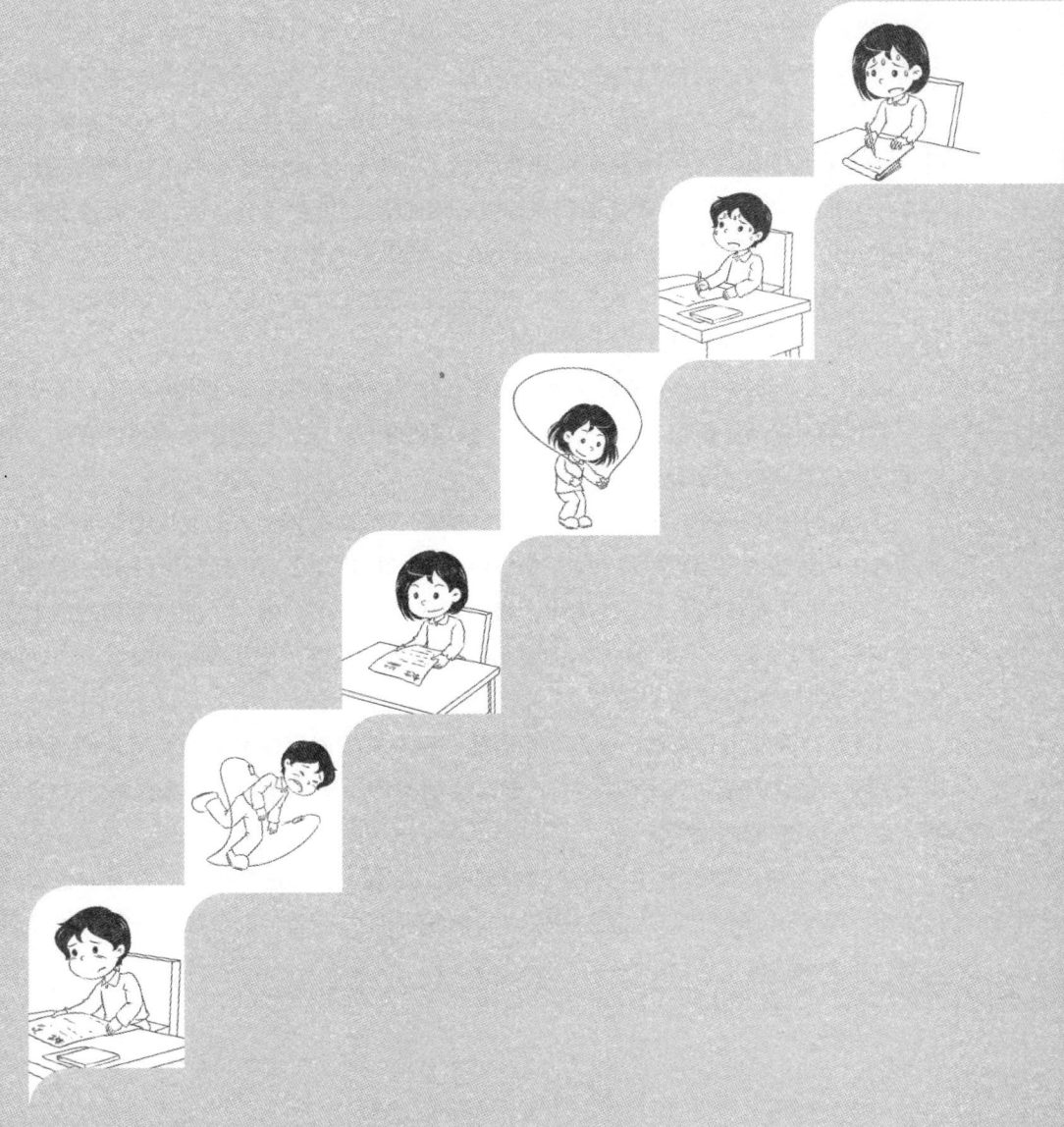

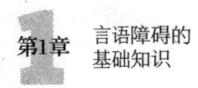
第1章 言语障碍的基础知识

初识言语障碍
你知道什么是言语障碍吗

言语障碍是儿童学习障碍的一个重要表现。因此，在介绍言语障碍之前，我们先简要了解一下什么是学习障碍。这里的学习不只是指学科课程上的学习，也包含人类要生存下去所需要的技能和方法，是一个更广义的概念。学习障碍儿童一般是指在听、说、读、写、思考和数学运算以及所必备的基础技能方面存在缺陷，这些缺陷有很强的个体差异性，不同的人有不同的表现形式。例如，我们将要学习的言语障碍就是其中之一。而人类的言语无疑是我们获得知识和技能的重要工具，因此在言语上表现出困难的儿童也得到社会的更多关注，是我们目前研究的重点。

言语障碍是指对言语、文字或手势的应用或理解存在缺陷，且言语障碍儿童主要有以下四种语言和言语加工方面的障碍。

（1）言语接受方面的障碍，这样的孩子他们的听觉器官完全没有问题，可以听到谈话的声音，但却不能对谈话的内容进行很好地理解，往往不能抓住谈话内容的全部，而是只抓住其中的一部分。

（2）口头言语表达方面的障碍，这样的孩子常常在其他方面表现得聪明伶俐，但是却难以用言语表达自己的思想，常常词不达意，词汇贫乏、不能运用正确的语法规则。

（3）书面语言表达方面的障碍，表现为拼写困难等。他们不能把看到的语言完整地写下来，即使是一个简单的字，也经常出现左右或者上下写颠倒的错误，即使他们很认真，这样的错误也难以避免。

（4）阅读方面的障碍，这方面障碍的儿童在阅读时经常遗漏词或用其他词替换。由于阅读方面的障碍在本系列丛书《走出儿童阅读障碍的困境》中会做专门的介绍，所以本书只做简略的说明。

在大家对言语障碍有了一定的知识储备，知道了什么是言语障碍以及言语障碍的类型后，我们会详细介绍儿童言语障碍的表现和形成原因，以及如何帮助言语障碍儿童进行更为有效的学习。

言语障碍对言语、文字或手势的应用或理解存在缺陷

言语接受障碍

口语表达障碍

书面语言表达障碍

阅读障碍

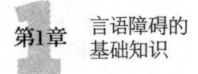

言语障碍的案例（一）

一位母亲的日记（上）

在一个家庭中，如果有一个孩子是言语障碍儿童，那么对这个孩子的教育会给这个家庭尤其是母亲带来很多意想不到的困难。面对这些困难如果对儿童的情况缺乏正确的认识，会使一个母亲变得十分茫然。面对言语障碍的孩子，母亲会不知道如何来引导孩子克服言语障碍，也不知道如何来与孩子进行交流。同样，言语障碍也会对儿童的心理和感情交往产生影响。

下面的内容是一位言语障碍儿童母亲的自述。

我是一位30多岁的母亲，有两个孩子。大女儿上小学5年级，小儿子刚上小学。我几年前离婚了，离婚后带着两个孩子在娘家和母亲一起生活。我从一个普通的高中毕业，然后进入了一家普通的公司，23岁结婚，婚后两年产下长女，一年后又生下儿子，不久就和我丈夫离婚了。如果把离婚刨除在外，我的生活真的是平凡的不能再平凡了。女儿很懂事，在学校在家里都很乖，学习成绩也很好，从来不给老师添麻烦，每次家长会的时候都会受到老师的表扬。对于女儿的过于独立，有时我也会感到不安，但是看到她有很多朋友，这种不安也就渐渐消除了。

离婚后我到娘家附近的公司上班，因为母亲的年纪大了，不能照顾我2岁的儿子，于是我把他送到了附近的幼儿园。上了幼儿园的儿子总是出状况，每天都会犯点小错误，幼儿园的老师经常跟我反映，儿子很不注意听讲，不听老师的话。例如，老师让小朋友把苹果举起来，可是他却总是拿起别的东西。他好像对词语本身不感兴趣，因为不论我费多大劲要他注意，然后说举起苹果，可是他就像是没注意，总是错把橘子举起来。对于儿子来说"词语"就好像只是"词语"，它没有什么具体的含义，也没有什么具体的作用，这些似乎都是无所谓的。在我们日常的生活中，使用词语是那样的理所当然的事情。如果是平常的孩子即使不特意地去教，也能很自然地记住某些词语。但是这些词却怎么也进不去儿子的脑子。此类问题还有很多，我非常苦恼。

言语障碍的案例（一）
一位母亲的日记（上）

孩子对词语不感兴趣

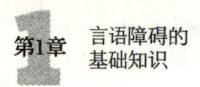
第1章 言语障碍的基础知识

言语障碍的案例（二）
一位母亲的日记（下）

儿子渐渐长大了，但是他的情况却没有什么好转。他在幼儿园里和其他小朋友的关系也不是很好。有一次老师找到我，说是他又和其他小朋友打架了，当我急急忙忙赶到学校，发现他正和另一个小朋友在教室外罚站。老师告诉我两个孩子的这次冲突主要是因为我的儿子不遵守游戏规则引起的。在玩一个官兵抓强盗的游戏时，按照游戏的规则参加游戏的小朋友只能在限定的圆圈内追逐，不能越过边界，而且一旦被抓到就要站在原地不能乱动，直到有同伙来营救。但是我的儿子却总是破坏游戏规则，老师和他强调了很多次都还是一样，于是其他的小朋友就不想和他玩了，被拒绝的儿子很生气就和其中一个不和他玩的小朋友动起手来。这种类似的情况还有很多。

因为儿子的言语发育比较缓慢，所以当其他的小朋友回答问题叽叽喳喳说个不停的时候，他总是比别人慢半拍，急得小脸通红，但是这样就更是说不明白了。我觉得，其实儿子也很苦恼。儿子的脾气也不是很好，总是因为一点点小事就和别的小朋友打架，因为这样老师经常对他进行批评教育，给老师添了许多麻烦。渐渐地儿子开始讨厌上幼儿园了，去之前总是哭闹，就是不爱去。说老师讲的听不懂，没有办法我只能把老师第二天要讲的课程提前教给儿子，让他先学一遍，避免他在课堂上表现得过于笨拙。我也教导他要和其他小朋友好好相处，不要动手打架，但这种情况目前还没有改善，似乎儿子根本不听我的这些话。

每次看着犯错误的儿子我总是感叹儿子的不懂事，心里也非常着急。儿子快要上小学了，有一天听到一个幼儿园的老师对着儿子很无奈地说："这样的孩子上了小学也只会让班主任头疼啊。"我听了心想："儿子以后可怎么办啊！"心里一阵刺痛。作为一个单亲母亲面对这样的情况，我感到十分的无奈与无助。有一天，幼儿园的老师告诉我，我的儿子上课不能和老师很好的互动，注意力不集中，贪玩，爱与人打架。这些可能是学习障碍中言语发展障碍的一些表现，要我带儿子到医院去查一查。这是我第一次听到这个词。也成了我以后对儿子的情况有了正确理解的契机。

言语障碍儿童的日常表现

被小朋友拒绝

听不懂老师讲话

老师很无奈

第一次听到"言语障碍"

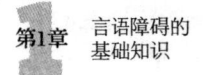

言语障碍的临床表现——构音障碍

口齿不清的烦恼

构音障碍是言语障碍中一种常见的临床表现。构音障碍是指由于神经病变,与言语有关的肌肉麻痹、收缩力减弱或运动不协调所致的言语障碍。而构音障碍产生的原因一般认为有两种。一是在小儿出生时,由于难产等原因造成小儿缺氧或脑损伤,使得大脑中负责语言的部分发育不良,结果造成小儿言语障碍;二是儿童在2岁以内患中枢神经系统疾病,如脑炎、高热惊厥、病毒感染等,造成脑组织损伤,从而使小儿失去患病前原有的语言能力。构音障碍可分为运动性构音障碍、器质性构音障碍和功能性构音障碍。

运动性构音障碍分为:痉挛型构音障碍,也称为中枢性运动障碍,主要表现为说话费力,音拖得比较长,说话不连贯,音量、音调急剧变化、鼻音过重;迟缓型构音障碍,又叫周围性构音障碍,表现为不适宜的停顿、气息音、辅音错误、鼻音较弱;失调型构音障碍,主要表现元音辅音歪曲较轻,主要韵律以失常为主,声音的发音困难、声音大、重音和语调异常、发音中断明显;运动过强型构音障碍,主要是构音器官的不随意运动破坏了有目的运动而造成元音和辅音的歪曲、不适宜的停顿、发音强弱急剧起伏、鼻音过重;运动过弱型构音障碍,由于运动范围和速度受限,发音为单一音量、单一音调、重音减少、有呼吸音或失声现象;混合型构音障碍,其表现为上述各种症状的混合(多种或单一不定),其好发人群广泛。

器质性构音障碍是由于构音器官的形态异常导致机能异常而出现的构音障碍。多数发生于先天性。主要表现为口语的发生和发展的迟缓,或一直无主动性语言,只能被动地用简单词语回答问题,同时多伴有智力方面的缺陷。

功能性构音障碍是指错误、混淆的构音呈固定状态,但找不到病因,即构音器官无形态异常和运动机能仅一刹那听力正常。可能与言语的听觉接受、辨别、认知因素、获得构音动作技能的运动因素、语言发育的某些因素有关,大多可通过构音训练完全治愈。

由于构音障碍的分类较多,因此,在鉴别言语障碍儿童究竟属于哪种构音障碍时,要仔细区分。

构音障碍的表现

孩子无法判断

孩子口齿不清

孩子断句有问题

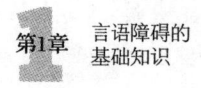

言语障碍的临床表现——失语症
难以理解与难以表达

失语症是指由各种原因引起的脑损伤导致的语言功能障碍,包括颅脑外伤、脑炎等脑部弥散性或局限性病灶。表现为患者对人类进行交际符号系统的理解和表达能力的损害,尤其是语音、词汇、语法等成分、语言结构和语言的内容与意义的理解和表达障碍,以及作为语言基础的语言认知过程的减退和功能的损害。但不包括由于意识障碍和普通的智力减退造成的语言症状,也不包括听觉、视觉、书写、发音等感觉和运动器官损害引起的语言、阅读和书写障碍。

失语症可以分为很多种,早在20世纪60年代,Geschwind就依据会话言语特征将失语症分为两类:流畅性失语和非流畅性失语。流畅性失语是指发音流畅,语句较长,语法和韵律正常;非流畅性失语是指发音费力、缓慢,不清楚或笨拙。除此之外,理解能力也是失语症主要检查的方面之一。有的患者也许能发出有意义的长语句,但他们的话似乎不能理解对方提出的问题,他们的回答与问题常常风马牛不相及。Benson将失语症细致分为如下几种。

Broca 失语(运动性失语) 对口语和书面都能理解,但说出来的话并不流畅,复述差,但书写不受损。

经皮质运动性失语 理解与复述功能都较好,只是在表达上不能做到流畅。

完全性失语 表达、理解和复述功能都有损伤,与缄默症有所区别,后者理解功能完好。

经皮质混合性失语 复述功能有较好保留,但表达和理解能力均较差。

Wernicke 失语(感觉性失语) 表达流畅,但对他人的话并不能理解,并且所说的内容和语义有错误,也不能很好的复述。

经皮质感觉性失语 表达和复述功能有保留,但理解能力较差。

传导性失语 理解能力较好,表达流畅,但是复述损伤。

命名性失语 不能对物体进行正确命名,字面错误或语意错误。

总的来说,失语症主要表现为难以对他人言语进行理解以及难以进行自身言语的表达。

失语症的详细分类

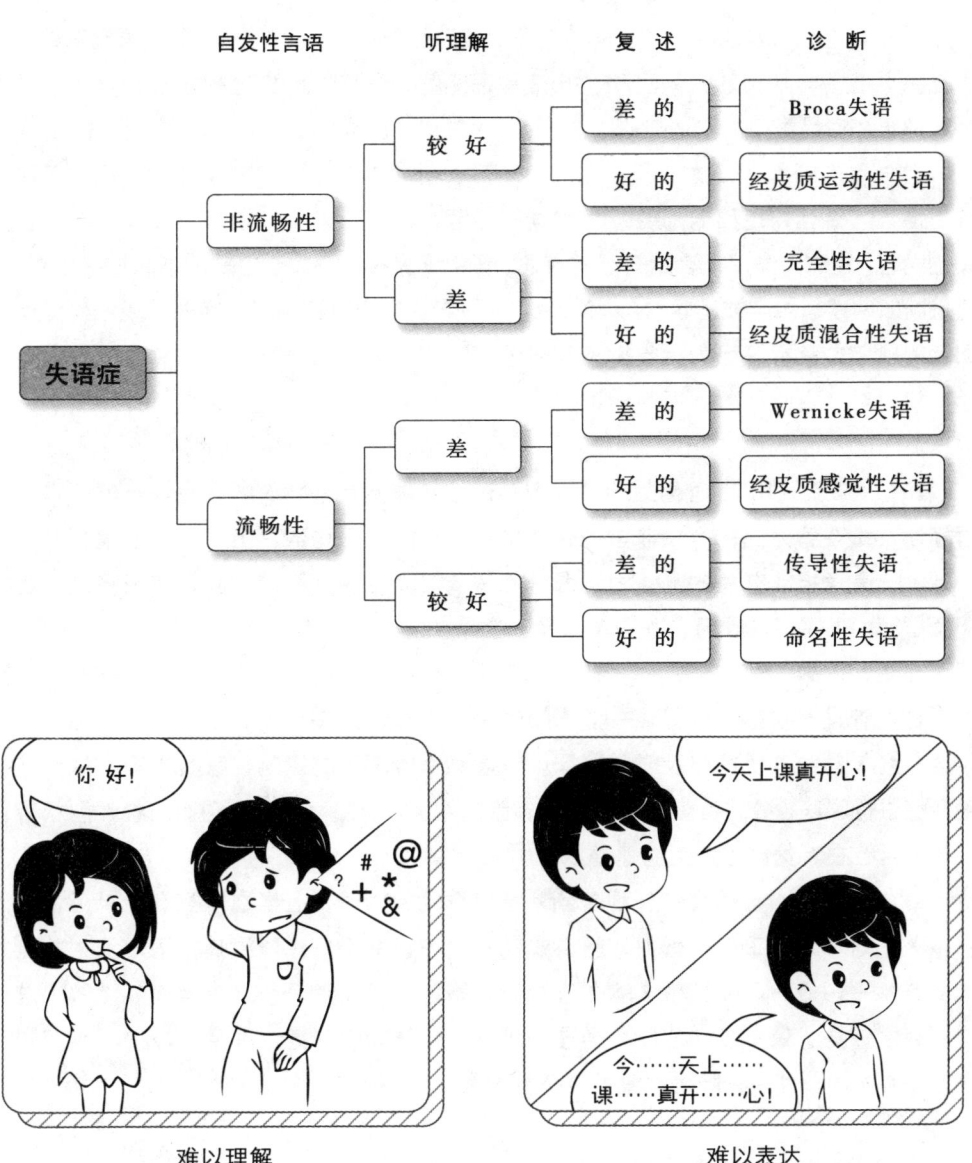

难以理解　　　　　　　　难以表达

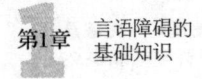

言语障碍的检查
如何鉴别孩子有言语障碍

儿童是否患有言语障碍,家长和老师不能只因为孩子表述或理解有问题就下结论,而是需要老师与家长的沟通互动、儿童言语测量和医疗机构检查相结合,才可以准确地鉴别出儿童是否患有言语障碍。

首先是老师和家长的观察。在日常学习和生活中,老师和家长是否发现孩子有时听不懂大人讲话,比如老师要求大家回答问题,但言语障碍儿童可能会提及与问题无关的内容。还有不能清晰表达自己的意思,像需要家长买书本,但是却不能流畅地表达,只是断断续续说单字或逻辑有问题的语句。或者在学习过程中,写字时出现结构颠倒,阅读时跳字或跳行等行为。当家长和老师观察到孩子有以上行为时,需要双方进行沟通交流,对儿童出现以上行为加以记录,为之后鉴定儿童是否患有言语障碍提供行为依据。

其次,可以利用言语相关的量表来筛选出可能有言语障碍的儿童。一般而言,言语障碍儿童在智力测验中在非言语智力部分,可能在平均数之上、左右或稍微低于平均数,与言语技能有关的测验内容得分都偏低。而在成就测验方面,言语障碍儿童在阅读理解、书写语言应用、语文能力等测验中也会表现较差。

最后,必要的医疗检查。例如,给儿童做计算机断层扫描(CT)、磁共振成像(MRI)检查,检查是否儿童大脑区域有损伤同时确定没有癫痫等脑内病变。还要仔细询问家长,儿童年幼时的状况以及成长经历。考虑到遗传因素的影响,家长也应该做检查;对儿童进行眼底检查,检查是否儿童存在眼睛视力等问题;对儿童进行耳鼻喉科检查,查明是否存在听觉器官方面的问题。

综上所述,当老师和家长观察到儿童特殊的行为时,应当在观察和记录后,要使用相关的语言评量工具、智力测验、成就测验等评量工具,理解其言语以及相关能力的发展水平,最后,经过科学的医疗检查和鉴定,对儿童是否患有言语障碍做出进一步的科学依据。只有这样才能科学准确地鉴别言语障碍儿童,并且可以提供有效的治疗方法和手段,为言语障碍儿童的恢复和发展打下基础。

如何鉴别孩子有言语障碍

老师的观察

家长的观察

利用语言相关的量表筛查

医疗检查

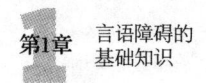

构音障碍的治疗方法
如何治疗构音障碍

构音障碍分为：运动性构音障碍、器官性构音障碍和功能性构音障碍。其中，运动性构音障碍是指由于神经病变、与言语有关的肌肉麻痹、收缩力减弱或运动不协调所致的言语障碍。强调在构造言语中呼吸运动、共鸣、发音和韵律等方面的异常。

对运动性构音障碍儿童进行构音器官评估、运动评估、发音评估和交谈评估，在构音运动、语音错误、交流信息的传递效果等综合评定下，将运动性构音障碍分为轻、中、重三度：①轻度是指词组水平的言语清晰度好，句子、文章水平的言语清晰度差，发音有错误，但不太影响交流；②中度是能说话，但言语清晰度差，在同龄中交流有影响；③重度是说话很困难，经常接触的人员也难以理解，在同龄儿童中不能交流或者不敢交流。

针对重度运动性构音儿童，由于构音器官肌肉的主动运动障碍明显，构音器官肌肉的异常运动不能产生语音，所以，训练时应该从构音器官肌肉的被动训练开始，逐步向主动运动过渡，主要包括呼吸运动的训练，唇运动功能的训练，舌、软腭、面颊等肌肉运动功能的训练。

针对轻、中度运动性构音障碍，由于构音器官的肌肉有一定程度的正确运动模式，因此在进行康复训练时构音器官肌肉的训练应该以诱导正确的主动运动模式为主，同时重点对错误语音进行校正，建立正确的发音运动模式。

器质性构音障碍是指构音器官出现结构性病变而导致的一种言语障碍，可以是先天性的，也可能是后天造成的。对于器质性构音障碍，外科手术常是首选的方法。

功能性构音障碍是指错误、混淆的构音呈固定状态，但找不到病因，即构音器官无形态异常和运动机能仅一刹那听力正常的言语障碍，可能与言语的听觉接受、辨别、认知因素、获得构音动作技能的运动因素、语言发育的某些因素有关，主要治疗方法有感觉运动技能训练、语音训练，以及多情境语音训练。

不同的构音障碍有不同的治疗方法，根据儿童的症状，选择适合有效的方式，帮助儿童改善言语问题。

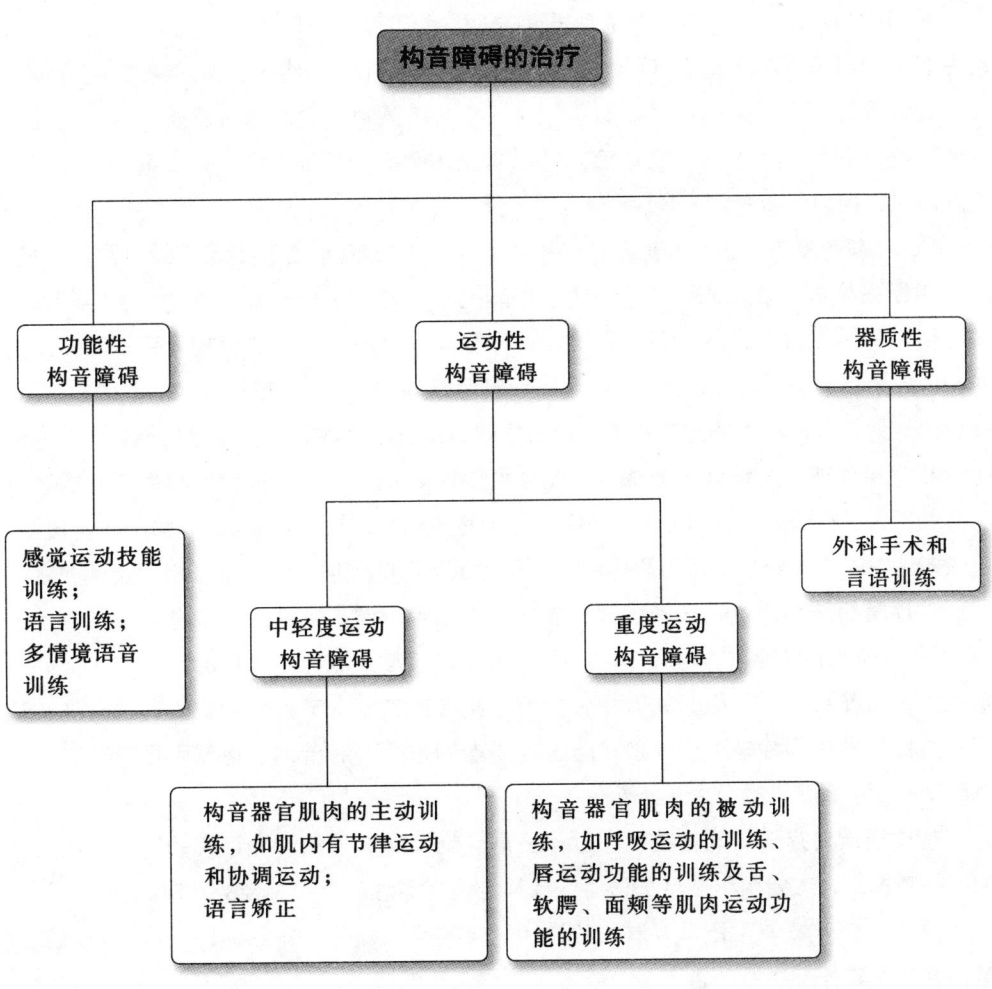

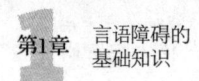

失语症的治疗方法
如何治疗失语症

失语症与其他病症一样，要做到早预防、早发现、早诊断、早治疗。对于儿童来讲，首先要做到对病因的预防，包括防止他们遭受颅脑外伤、尽量远离病菌较多的环境以及合理饮食等。当儿童获得了可能引起失语症的病因时，要尽早去医院对此进行检查诊断。一旦确定儿童患上失语症后，要及早让儿童接受系统治疗。儿童失语症常用的治疗方法包括以下几种。

Schuell刺激法 该方法是多种失语症治疗方法的基础，是应用最广泛的方法之一。

阻断去除法 该方法认为某种语言功能的障碍是由于损伤造成该功能的阻断，并发现用一种语言材料进行练习不仅可以使儿童对该材料做出正确反应，还可以使儿童对相似的语言材料做出正确反应。因此可以利用其他功能完好的语言材料作为"前刺激"来引出对另一种与该功能有某种关联的语言材料的正确反应，从而去除阻断。

程序操作法 将认知刺激法和操作条件反射法相互结合，通过对自发正常状态下获得的行为进行分析并设计一系列细致的、严格限制的逻辑性步骤，让儿童一步步接近。但该方法忽略了失语症治疗过程中的不可预测性，不能根据儿童的恢复情况灵活改变。

功能重组法 通过功能系统残存成分的重新组织或再加上新的成分，以便产生出一个适用于操作的新的功能系统，从而达到改善语言交流能力的目的。该方法又分为系统内重组和系统间重组。前者指分析语言交流链的哪个节点有损伤，通过对这些节点针对性的强化训练来达到受损功能内各要素的重组；后者则是指利用正常功能系统协助受损功能系统的改善。

旋律语调治疗法 此法主要通过一些富有旋律的句子做吟诵训练，是近年来出现的一种新技术，主要用于重度失语症或经其他语言治疗后疗效欠佳的儿童。

除了上述方法外，还可以对儿童进行简单的复述训练、命名训练、事物训练和日常话题的交谈等，尽量从各方面改善言语障碍儿童的病情。

不同类型失语症训练重点[1]

失语症类型	训练重点
Broca 失语	构音训练、口语和文字表达
Wernicke 失语	听理解、复述、会话
命名性失语	执行口头命令、口语命名、文字称呼
传导性失语	听写、复述
经皮质感觉性失语	听理解（Wernicke 失语为基础）
经皮质运动性失语	以 Broca 失语课题为基础
完全性失语	视觉理解、听觉理解、手势、交流板应用

不同语言模式和严重程度的训练课题

语言模式	程度	训练课题
听理解	重度	单词与画，文字匹配，是或非反应
	中度	听短文做是或非反应，正误判断，口头命令
	轻度	在中度基础上，选用的句子和文章更长，内容更复杂（新闻理解等）
读解	重度	画和文字匹配（日常用品，简单动作）
	中度	情景画、动作、句子、文章配合，执行简单书写命令，读短文回答问题
	轻度	执行较长文字指令，读长篇文章（故事等）提问
口语	重度	复述（音节、单词、系列语、问候语），称呼（日常用词、动词命名、读单音节词）
	中度	复述（短文），读短文，称呼，动作描述（动词的表现，情景画、漫画说明）
	轻度	事物描述，日常生活话题的交谈
书写	重度	姓名，听写（日常生活物品单词）
	中度	听写（单词、短文），书写说明
	轻度	听写（长文章），描述性书写，日记
其他		计算练习、钱的计算、书写、绘画、写信、查字典、写作、利用趣味活动等，均应按程度进行

Schuell刺激疗法原则

刺激原则	说明
利用强的听觉刺激	是刺激疗法的基础，因为听觉模式在语言过程中居于首位，而且听觉模式的障碍在失语症中也很突出
适当的语言刺激	采用的刺激必须能输入大脑，因此，要根据失语症的类型和程度，选用适当控制下的刺激，难度上要使患者感到有一定难度但尚能完成为宜
多途径的语言刺激	多途径输入，如给予听刺激的同时给予视、触、嗅等刺激（如实物），可以相互促进效果
反复利用感觉刺激	一次刺激得不到正确反应时，反复刺激可能提高其反应性
刺激应引出反应	一项刺激应引出一个反应，这是评价刺激是否恰当的唯一方法，它能提供重要的反馈而使治疗师能调整下一步的刺激
正确反应要强化以及矫正刺激	当患者对刺激反应正确时，要鼓励和肯定（强化）。得不到正确反应的原因多数是刺激方式不当或不充分，要修正刺激

1）陈卓铭. 特殊儿童的语言康复 [M]. 北京：人民卫生出版社，2015：105.

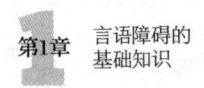

第1章 言语障碍的基础知识

言语障碍并非智力障碍
话说不好就是智障吗

言语障碍的儿童并不是智力发育不正常,他们的智力和普通儿童没有什么区别,只是在言语上与正常的儿童有所差异,而在其他的智力活动方面与其他儿童并没有明显的差异。而智力障碍的儿童则表现为在各种智力活动上都有缺陷,在言语活动上也有可能有差异。智力障碍的临床表现:

(1)感知速度减慢,接受视觉通路的刺激比听觉刺激容易些;

(2)注意力严重分散,注意广度非常狭窄;

(3)记忆力差,多次重复方能学会一些知识,若不重复学习,又会忘得一干二净;

(4)言语能力差,只能讲简单的词句;

(5)思维能力低,缺乏抽象思考能力、想象力和概括力,更不能举一反三;

(6)基本无数字概念,靠机械记忆能学会简单的加减计算;

(7)情绪不稳,自控力差;

(8)意志薄弱,缺乏自信;

(9)交往能力差,难以学会人际间交往。

智力障碍的诊断标准:

(1)智力障碍儿童的智力显著低于正常儿童的平均智力水平。当一个儿童智商为100时表示智力正常,假如一个儿童智商在70分以下,他的智力就被称为"显著低于"平均水平。

(2)智力障碍的发病通常在发育年龄阶段,具体讲在18周岁以前。这一条规定将发育期出现的智力障碍与成年后各种原因造成的智力障碍进行了区别。

(3)智力障碍儿童在日常社会生活适应方面具有明显的障碍。小年龄的智力障碍儿童在日常生活中表现为动作、语言发展迟缓,不会人际交往,上幼儿园或小学比较困难。

从以上9条临床表现上看,智力障碍儿童的表现要明显严重得多,智力障碍对言语障碍也有很大的影响,而且智力障碍的儿童也较言语障碍的儿童难恢复。智力障碍的儿童在病因的检查和病症的确定上比言语障碍容易。

言语障碍儿童	智力障碍儿童
 可以利用大方格纸进行书写	 难以正常书写
 动作发展正常	 动作发展迟缓
 具有抽象思考能力	 缺乏抽象思考能力

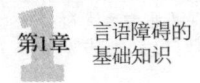

言语障碍和注意缺陷多动障碍的联系

言语障碍和注意缺陷多动障碍相同吗

言语障碍与注意缺陷多动障碍（ADHD）都是儿童发展性障碍的表现，它们之间有相互重叠的部分，但严格说起来是彼此的概念。注意缺陷多动障碍儿童存在两方面缺陷：注意缺陷和多动。

首先说一下什么是注意缺陷，注意缺陷就是儿童很难以集中精力去完成一件事。他们可能太过于活跃。注意缺陷主要有以下几个特征：（1）不能很好地注意某一目标；（2）注意持续的时间较短；（3）有人搭话看上去也像是没听到一样；（4）不能履行自己的义务；（5）不能够有顺序地整理事物；（6）不愿意做需要花大量努力的工作；做事情丢三落四；（7）容易走神；（8）容易忘记自己要做的事。

多动是指在儿童时期表现为与该年龄和发育水平不相称的注意力不集中、注意时间短暂、活动过度和冲动，它主要有以下几个特征：（1）容易打搅他人；（2）不能安静地等待；（3）喜欢抢答老师的问题；（4）总是不停地说话；（5）不能安静地待着；（6）不能安静地玩游戏；（7）喜欢在教室里跑动；（8）应该坐着的时候马上要站起来；（9）手脚不停地动，好像一刻也闲不下来。

ADHD和言语障碍一样都会带来学习上的困难。在行为方面的困难，不能专心认真地听讲，不能按照规则完成一个活动等。在认知上存在的困难，如注意涣散、知觉加工片面等，这样的缺陷使得如果应用和其他儿童同样的教学方法，这些儿童将很难得到相同的学习效果。言语障碍的儿童不一定像ADHD儿童一样容易被发现。如阅读障碍和拼写障碍的儿童更多是在进入小学以后才被发现。还有言语表达障碍的儿童，他们更可能表现为安静，不爱说话，使你很难注意到他们。一些儿童还可能同时患有两种或更多的病症。我们需要对不同的病症进行了解，因为不同的病症有着各自特有的治疗方法。所以，对病症的正确判断是重要的，是我们对症下药的关键，只有正确的诊断，才能给障碍儿童提供一种更有针对性的、更有效的帮助方法。

关于ADHD内容详见本系列丛书《找寻注意缺陷多动障碍的对策》。

言语障碍和注意缺陷多动障碍的联系
言语障碍和注意缺陷多动障碍相同吗

言语障碍与注意缺陷多动障碍的不同表现

言语障碍

注意缺陷多动障碍

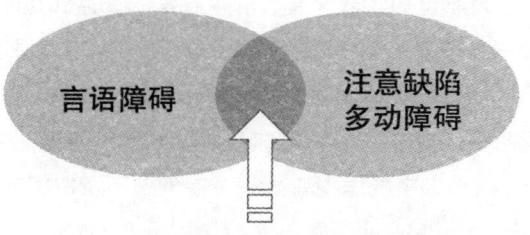

两种障碍并存的儿童

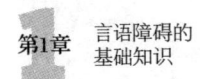

克服表达困难的言语障碍患者
患言语障碍的名人——爱因斯坦

爱因斯坦是世界最著名的科学家之一,他在人类的科学史上创造了一个又一个的奇迹。被誉为是20世纪最聪明的人。那么,这样一个有着辉煌成就的人,他的童年生活是怎样的呢?他从小就是神童吗?他在所有的方面都非常的出色吗?带着这些问题,让我们走进爱因斯坦的童年生活。

爱因斯坦小时候并不活泼,三岁多还不会讲话,父母很担心他是哑巴,曾带他去给医生检查。还好小爱因斯坦不是哑巴,可是直到九岁时讲话还不是很通畅,所讲的每一句话都必须经过很吃力的认真思考。在四五岁时,爱因斯坦有一次卧病在床,父亲送给他一个罗盘。当他发现指南针总是指着固定的方向时,感到非常惊奇,觉得一定有什么东西深深地隐藏在这种现象的后面。他一连几天很高兴地玩罗盘,还纠缠着父亲和雅各布叔叔问了一连串问题。尽管他连"磁"这个词都说不好,但他却顽固地想要知道指南针为什么能指南。

爱因斯坦在念小学和中学时,功课属平常。由于他举止缓慢,不爱同人交往,老师和同学都不喜欢他。教他希腊文和拉丁文的老师对他更是厌恶,曾经公开骂他:"爱因斯坦,你长大后肯定不会成器。"而且因为怕他在课堂上会影响其他学生,竟想把他赶出校门。

有着言语障碍的爱因斯坦却对数学有着异乎寻常的着迷和执着。他的"启蒙老师"在他12岁那年给了他一本施皮尔克所著的平面几何教科书。这本书里有许多断言,比如,三角形的三个高交于一点,理论本身虽然并不是显而易见的,但是可以很可靠地加以证明,以致任何怀疑似乎都变成了不可能。这种明晰性和可靠性给他留下了难以形容的印象。几何学给爱因斯坦带来的思维奇妙性,使他来不及按部就班,竟一口气把《圣明几何学》学到最后一页。后来他干脆自学起微积分,他提出的数学问题常弄得他的中学数学老师张口结舌,不知如何回答。

最后,爱因斯坦成了一位伟大的科学家,他并没有因为自己有言语障碍便放弃自己,而是选择了自己感兴趣的方向为之努力。

克服表达困难的言语障碍患者
患言语障碍的名人——爱因斯坦

爱因斯坦

有言语障碍很抓狂

数学很好

第1章 言语障碍的基础知识

克服读写障碍的言语障碍患者
事业成功的"田刚"

田刚是一个健康阳光的26岁青年,现在美国的一家网球俱乐部里担任教练。田刚在小学一年级的时候,由于父亲的工作调动,全家迁往了美国。在迁去美国之后,全家最早会使用英语和美国人交流的就是田刚。他转校到离家很近的一所小学,并很快和学校的同学,以及附近的邻居成为朋友。在大家一起学习和游戏的过程中,很快学会了英语的发音,并顺利地和其他人交流。但是田刚还是有苦恼,虽然他可以流利与他人对话,但是却不擅长读书和写字。

在田刚小学4年级的时候,学校的老师对他的家长说,还是让他做一个彻底的检查吧。结果在学习障碍的多种类型中被诊断为读写障碍。田刚一个字、一个字的读是没有问题的,但是如果要阅读整篇文章,理解其中的内容就一定要读上好几遍。在考试的时候,阅读题目就要花上很长的时间,再加上他写字也比其他同学慢很多,所以每次测验的成绩都不理想。被确诊后,田刚进入了障碍儿童班级开始接受个别的指导。为了田刚可以顺利学习,学校准备了专门的教材帮助他提高。

田刚随父母回国后上小学六年级,当时国内对学习障碍等问题了解得非常少。一提到是障碍儿童,哪个学校也不准备接纳田刚入校。最后田刚终于进入了一所中学,并十分辛苦等到了高中毕业。之后,田刚去了美国的一所专门为学习障碍儿童准备的大学继续学习。在那所大学为记笔记有困难的学生准备了录影带。田刚有一段这样的自述:"在美国的言语障碍儿童是快乐的,朋友也非常多。如果我当时在一所对我的状况一点也不了解的小学毕业,那么我就不会有现在的工作。如果国内对学习障碍孩子的教育可以更为充分一些,那么就会给更多人带来光明的未来。"

田刚的英语说得和美国人一样好。只是阅读和书写上存在困难,如果是由耳朵输入的信息,记忆的效果就会非常好;如果是记在笔记上的内容就很难记忆。但他天真、开朗的性格受到很多人的喜欢,也找到了自己心仪的工作,田刚拥有自己快乐的生活。

事业成功的"田刚"

可以流利与他人对话

不擅长读书和写字

接受老师的个别指导

田刚拥有自己的快乐生活

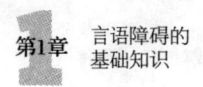

克服阅读障碍的言语障碍患者

偶像明星汤姆·克鲁斯

小时候被称为言语障碍的儿童,长大后同样可以活跃在社会上。汤姆·克鲁斯1983年主演了《保送入学》,成为新一代偶像明星。1986年的《捍卫战士》加固了"票房金童"之位。1988年《雨人》之后演技日臻成熟,以《七月四日诞生》《征服情海》和《木兰花》获奥斯卡提名。他的片酬高达2000万美元,拥有上万的影迷,他的巨大号召力证明他已成为世界影坛的超级巨星。而就是拥有这样光环的他,也是有着阅读障碍的人。

汤姆·克鲁斯1962年出生在纽约州的西莱克斯,父亲是一名电气工程师。为了找工作,老克鲁斯拖着妻儿至少搬过十几次家。不断变化的环境使克鲁斯的体格如运动员一般健壮,但他的学业却非常糟糕,这不仅是因为他患有阅读障碍,而且不断的转学也使他很难掌握什么学习方法。汤姆·克鲁斯在小的时候,分不清b和d以及q和p,在阅读的时候总是跳行,所以很难读好教科书。

在上高中的时候他进入了特别障碍班级,而且学习十分努力。但是有时也会被同学欺负。他总是想,"如果可以向其他人那样,流利地阅读,注意力集中地做事该多好啊。"虽然他有缺陷,但他在别的事情上会很努力地去做,后来他不去考虑自己的缺点,而是集中精力地锻炼身体。他通过了演员考试之后,一边慢慢地阅读台词,牢记下来,一边在脑中不断勾勒、丰满剧中的人物形象。通过自身的不断努力,终于成了一代名家。

有些演员、画家,甚至科学家是有学习障碍的人。虽然他们有学习上的障碍,但是这些缺点仅仅是一方面,而不是一个人的全部。要善于发现学习障碍的人的其他方面的优点和特长,并且把这些优点和特长有效地利用起来,同样也可以成为一个优秀的社会成员。作为学习障碍者本身也不要灰心,树立自己的自信心,相信自己一定会成功。如小时候喜欢机械的人,长大后成了优秀的机械工程师;喜欢烹饪的人,最后成了一个技艺高超的厨师;喜欢电脑的人,成了一名出色的程序员。

通过汤姆·克鲁斯的故事大家应该懂得:有言语障碍并不能限制自己,而是要加倍努力,去创造更美好的未来!

克服阅读障碍的言语障碍患者
偶像明星汤姆·克鲁斯

汤姆·克鲁斯

虽然曾经有阅读障碍，但通过不断努力，终于成为一代名家

出色的程序员

学习障碍者不要灰心，树立信心，相信自己一定会成功。

优秀的工程师

技艺高超的厨师

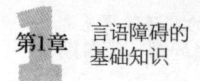
第1章 言语障碍的基础知识

专栏一

儿童言语发展的阶段

儿童言语发展以听觉、发音器官和大脑三者功能的成熟为基础,是在活动过程中、在与成人的交往过程中,通过成人的影响、通过不断模仿和练习逐渐发展起来的。儿童不是被动地模仿成人言语,而是主动的参与者。儿童言语的发生是理解先于表达,言语的发展是一个相当长的过程,早期语言学习经常被划分为两个主要阶段:前言语阶段与言语阶段。

(1)前言语阶段指儿童能够说出第一个有意义的单词之前,在这一阶段,婴儿学习一些重要的交流经验,为言语发展做好准备,如按次序进行交流、使用姿势、分辨声音,并且最终发出可以控制的声音。7~10个月的婴儿可以清晰地发出元音与辅音。到出生10个月至13个月左右,大部分听觉良好的婴儿能够清晰地、系统地而且反复地咿呀学语。听觉存在困难的儿童要更晚一些才能够达到这个阶段。

(2)言语阶段是从婴儿说出第一个有意义的词开始,这一阶段,婴儿从最初的几个单词逐步发展到具有成人语言特色地对单词进行复杂的组合。根据婴儿说出语言的复杂程度,人们又把这个阶段分成几个亚阶段。

① 单词句阶段(1~24个月),这一阶段,婴儿通常使用能够单独表达一个整句意思的"表句词"来表达他们的意思,也叫"表句词"阶段。例如,当儿童说"牛奶"的时候,可能意味着"这里有牛奶"或者"给我一杯牛奶"。

② 双词句阶段(18~30个月),这一时期,儿童开始将两三个词汇组合起来使用。虽然能够表达意思,但是,去掉了很多表示功能的句法成分。

③ 句法爆发期(24~36个月),在这个阶段,婴儿能够将单词组成有意义的、类似于句子一样的单元,他们能够使用形容词等,控制语调及词形变化的规则。

对不同民族、不同语言的观察表明,尽管面临的语言内容不同,儿童在习得语言的过程中都经历了相似的发展阶段,并在相同的年龄达到同样的发展里程碑。

第2章
是什么导致了儿童的言语障碍

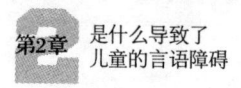

第2章 是什么导致了儿童的言语障碍

对言语障碍病因的解释

孩子，你为什么生病了

言语障碍的起因还不是十分清楚，从障碍儿童的个数上来看，与注意缺陷多动障碍和自闭症的患者相同，男孩的发病率要高于女孩。发病的原因可能与出生时的体质和体重有关，但目前还没有得到明确的结论。

言语障碍目前被认为是一种发展障碍，在人成长的社会生活中，大多数儿童会在特定的成长阶段表现出特定的、典型的行为模式，这种行为模式可以作为判断儿童发展水平的标准。而患有言语障碍的儿童，他们的发展与其他儿童相比存在差异。

无论是儿童还是成人，能够引起我们兴趣的事情，并不一定是我们必须要做的，或是应该做的，大多数情况是在无意识状态下完成的。人脑在瞬间处理着大量的信息，在这个过程中如果有一点的偏差，就会表现在学习效果或与人交流上。对于言语障碍的儿童来说这种偏差并不是一时的，而是经常性发生的。例如，有些儿童在注意力集中的情况下可以不受外界的干扰。而另一些儿童看上去是在认真听讲，可脑中想的却是别的事情。还有一些明知道上课时不能做其他事情，但注意力还是移向了别处或者很容易被其他事情吸引，而停止现在所做的事情。

还有一种解释是儿童在成长的过程中产生了某种心理障碍导致以言语障碍的方式表现。通过心理治疗，言语障碍便可以消失。语言学派对言语障碍的解释是，出现言语流畅度障碍是儿童的言语编码过程中出了问题造成的。

言语障碍儿童的缺陷目前认为可能是他们捕捉周围所发生事情的能力（注意）或信息在脑中的认知过程上存在困难。人的认知能力是与脑密切相连的，因此很多人从脑损伤的角度来研究儿童的言语障碍。早在1816年法国医生布洛卡就率先指出，脑的某一部位损伤会引起失语症。1939年Goldstein发现头部损伤会造成多种心理或行为异常症状，如知觉障碍、注意涣散、多动症等。1947年Strauss提出了脑损伤的界定标准，并认为脑损伤影响正常的学习过程。这些脑损伤研究为现在研究言语障碍的原因有着启示作用。因此，在讨论儿童言语障碍具体原因前，有必要介绍与言语相关的生理基础。

对言语障碍病因的解释
孩子，你为什么生病了

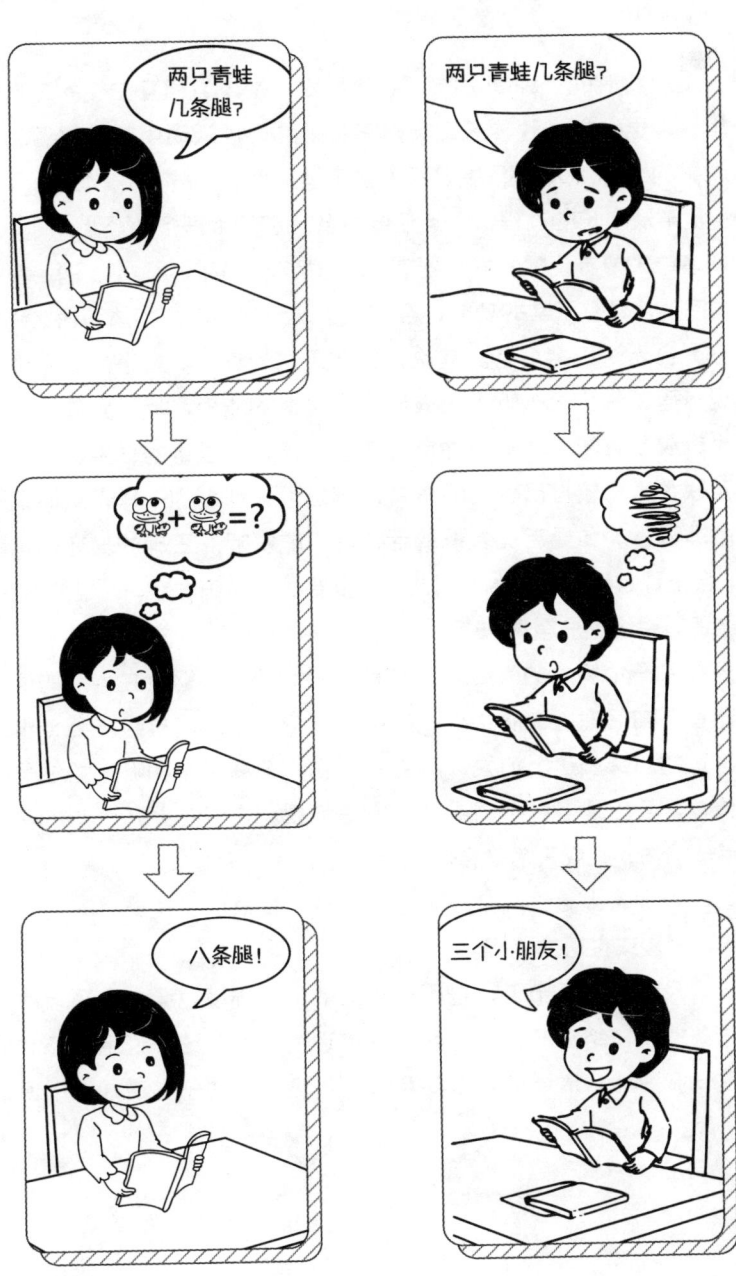

031

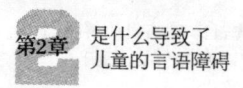 是什么导致了儿童的言语障碍

人类言语的生理基础
哪些器官支持言语发展呢

语言是人类所特有的一种高级神经活动形式，是人类相互交往的工具，也是人表达自己内心世界、思维的一种传递工具，它在人的心理活动中起着重要的作用，是人类保存认识成果的载体。人掌握并运用语言不是一件容易的事，因为语言的发育不仅需要一个相当复杂及漫长的过程，而且还要具备一定的生理条件。

语言的发育首先要有正常的发音器官，这包括喉、声带、咽、舌、唇、齿、腭等结构。要求这些结构完整，具有正常的功能，否则会出现口吃、口齿不清等语言障碍。例如，唇腭裂的儿童就会无法正常发音。其次，要有正常的听觉。言语的发育依赖于听力，如果听力出现障碍，就会失去听别人或者自己说话的能力，听不到外界的声音就无从学习说话，也就成了聋哑人。听力在言语活动中还起着监督的作用，它能协调舌和咽腔活动的相互联系，比较自己说话的语音语调是否和别人的一样，从而保障说话的流畅性和发音的准确性。如果听觉减弱的话，就不能够听清正确的发音，也就不能区分错误的发音，会出现言语的不清晰，因此，儿童要学会准确发音，一定要有良好的听力，这对儿童发展语言系统十分重要。

此外，还要有一个健全的大脑。大脑是语言活动的中枢所在，人的语言经过视觉器官和听觉器官感知后输入大脑中枢，经中枢分析处理后，再经神经传出支配外周发音器官进行言语的口头表达。如果大脑受到损伤，各种视觉和听觉的信号就无法进行分析整合和传输，会出现各种不同类型的言语障碍。言语主要是大脑的左半球负责，如果大脑左半球损伤，在成人后就会出现失语症。

发音器官、听觉、大脑这三个环节是保证语言发展的先决条件，任何一个环节出现问题都会导致语言或言语的障碍。

除了以上谈及的三个环节外，是否有丰富的语言环境也会左右语言的发育。在具备应有的先决条件外，给孩子创造良好的语言环境，多和孩子说话，多和外界接触。而且要鼓励孩子多说话，错误地发音要及时地纠正，让孩子主动并乐于说话就能促进孩子的语言发育。

人类言语的生理基础
哪些器官支持言语发展呢

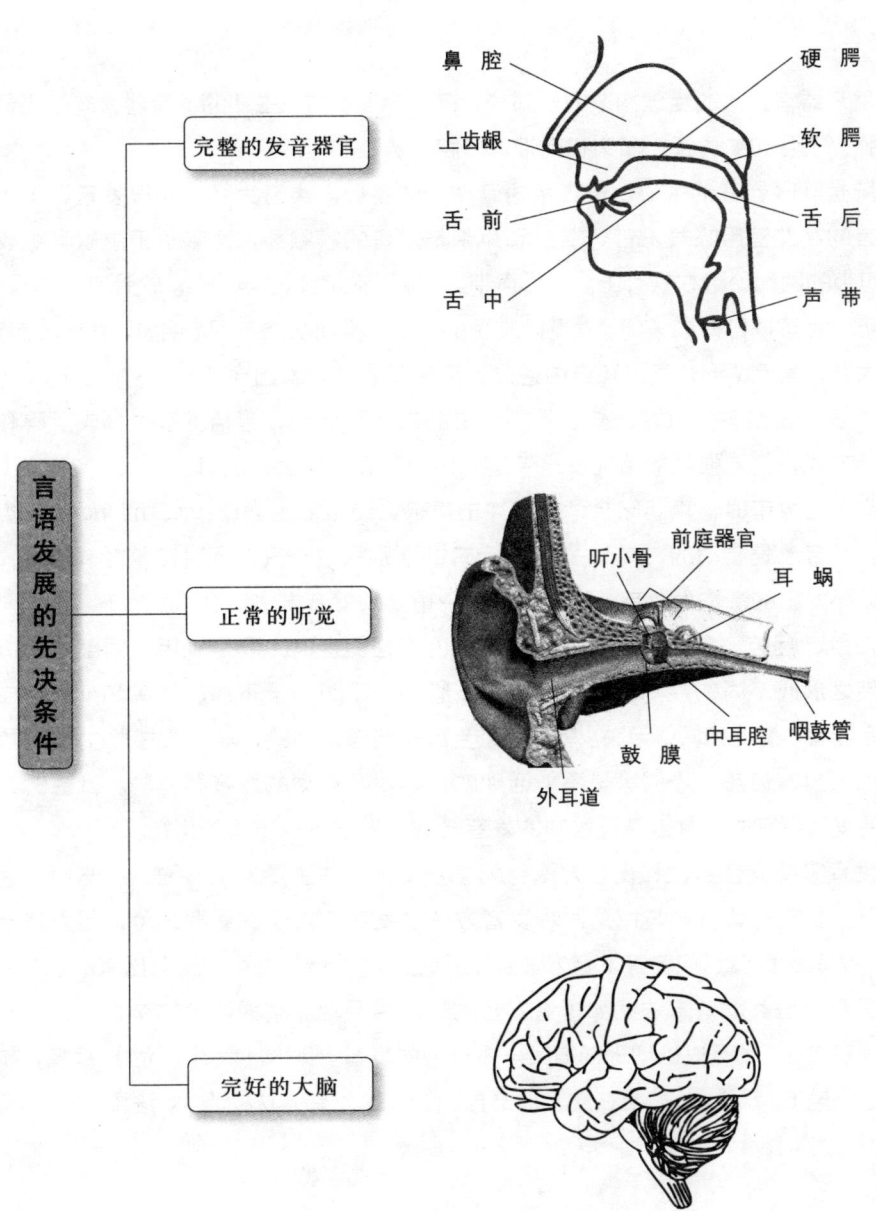

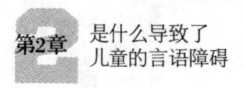

第2章 是什么导致了儿童的言语障碍

人类言语的发声
声音从哪里出来呢

发音器官是人的生理构造的一部分，每一个人都有，主要的发音器官有呼吸器官，包括肺、气管和支气管、喉头和声带、口腔、鼻腔和咽腔。

肺是呼吸器官的中心，是产生语音动力的基础。声音大多用呼气发音，但也有少数语言的某些音用吸气发音。喉头和声带是发音的震颤体，声带位于由软骨组成的喉头；声带的两端黏附在软骨上。两片声带之间的通路叫作"声门"。软骨可以开合启闭，因而声门也可以打开或关闭。发不同类型的音时，声门状态不同。例如，发 f、s 等音时，声门大开，呈倒 V 形，气流可自由通过，声带不震动，发出清音。

发音时，喉头、口腔、鼻腔节制气流的方式和状态，包括发音时构成阻碍和克服阻碍的方式，气流强弱的情况及声带是否振动等几个方面。a、i、u、ü 等元音（纯粹的乐音）在发音时，声门闭合，气流冲击声带，使之发生震动；m、n、ng 这一类音的发音，声带也是震动的，其与 a、i 等元音的区别只在于气流通过口腔时有阻碍；因声带震动而发出的音称为浊音。清与浊是一种重要的发音方法。

口腔、咽腔、鼻腔是发音的共鸣器。他们在发音时主要是利用不同部位的协同配合，使之形成不同的共鸣腔。口腔由上下唇、上下齿、上下腭、舌头和小舌组成。这些发音器官，有些如唇、舌头、软腭、小舌等是能够活动的，叫作"主动的发音器官"；有些如上齿、齿龈、硬腭等是不能活动的，叫作"被动的发音器官"。发音时，常由主动的发音器官去接触或靠近被动的发音器官，发出各种不同的声音。

发育需要发音部位和发音方法相配合。发音方法主要有清与浊、塞与擦、送气与不送气。要充分认识塞与擦这两种发音方法在发音方法中的重要地位，因为其他如塞擦音、边音、颤音、闪音等发音方法都是从这两种发音方法中"化"出来的。

发音部位和发音方法犹如语音发音的纵、横两轴。掌握两轴的交叉点，和一个其他的发音方法，就可以确切地知道某一个音素的发音。例如，唇齿（部位）、摩擦（方法），这个音不是 f，就是 v；如果在交叉点上再补充一个发音方法"清"，这个音就只能是 f。

人类言语的发声
声音从哪里出来呢

声音是如何产生的

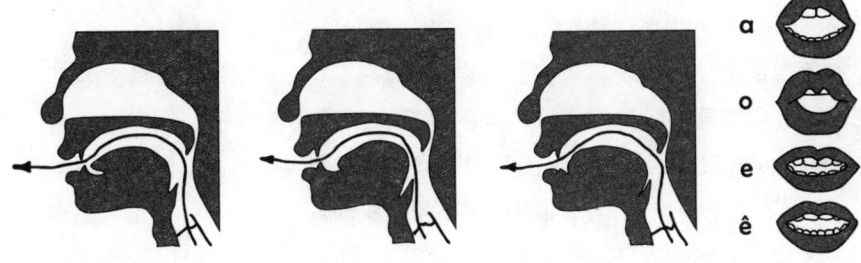

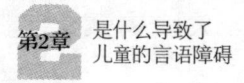

言语的另一重要系统——听觉
是谁在说话

物体振动的能量在空气等媒介中传播,就构成了声波。特定频率范围(20～20 000赫兹)内的声波,可使人耳产生听觉,这就是我们通常意义上的声音。低于20赫兹的声波形成次声,高于20 000赫兹的声波形成超声,人耳一般感受不到。

人的听觉器官是人耳及其听觉神经传导通路。耳朵分外耳、中耳、内耳。外耳包括外观所能看到的耳郭及外耳道。耳郭的主要作用是收集声音,外耳道的共振特性对言语中的高频成分有一定的放大,使我们听到的声音更尖锐一些。耳道的终端是鼓膜,将外耳与中耳分开。声波撞击鼓膜即引起鼓膜的振动。

中耳是一个含气的腔体。中耳腔与口腔有一个连通管道,叫作耳咽管,可保证中耳腔内的气压与外界大气压相同,使鼓膜保持在较松弛的状态。大家都知道在高速上升或下降的电梯里人的耳朵会感到很难受,因此,这时只要人张开嘴,这种状况就会缓解,也是一个道理。中耳腔内有三块听小骨,因形状类似槌子、铁砧、马镫而取名为槌骨、砧骨、镫骨。三块听小骨连成一个联动的杠杆系统,称为听骨链。槌骨紧挨着鼓膜,之后是砧骨,最后是镫骨,镫骨的底板镶压在一个极小的薄膜上,这层膜所在的位置就是内耳的门户——前庭窗,这样听骨链就将外耳与内耳联系起来。鼓膜的振动通过听骨链的传动,将声波传送至内耳。中耳腔中还有两个很小的肌肉,附着在听骨链上。遇强声刺激可限制听骨链的运动,避免内耳的损害。

内耳中有一个形状类似蜗牛的结构,称为耳蜗。耳蜗内部是充满了液体的蜗牛状管道,盘旋两圈半,总长度约30毫米。耳蜗管道里排列着数以千计的毛细胞,它们的顶部长有很细小的纤毛。毛细胞的大小和形状随着耳蜗的盘旋呈现出特有的规律,恰似一架钢琴的"琴键",耳蜗底圈感受高频音而顶圈感受低频音。振动发生时,不同频率的声音敲击不同部位上的"琴键"。该处毛细胞上的纤毛受到冲击,发生偏折,经过一系列生物电活动,产生神经冲动,传导到听神经纤维。与"琴键"联系的听神经纤维汇集成听神经,向大脑皮层传导。大脑再把送达的信息加工、整合,就产生了听觉。

耳的结构

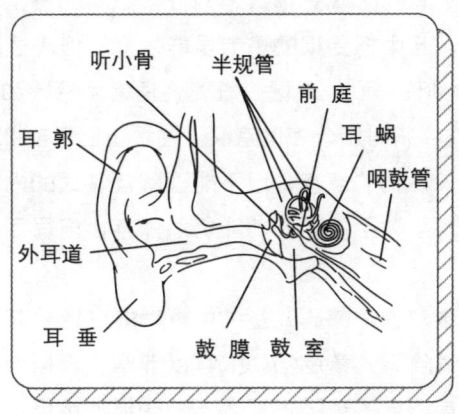

耳蜗内频率分布区域

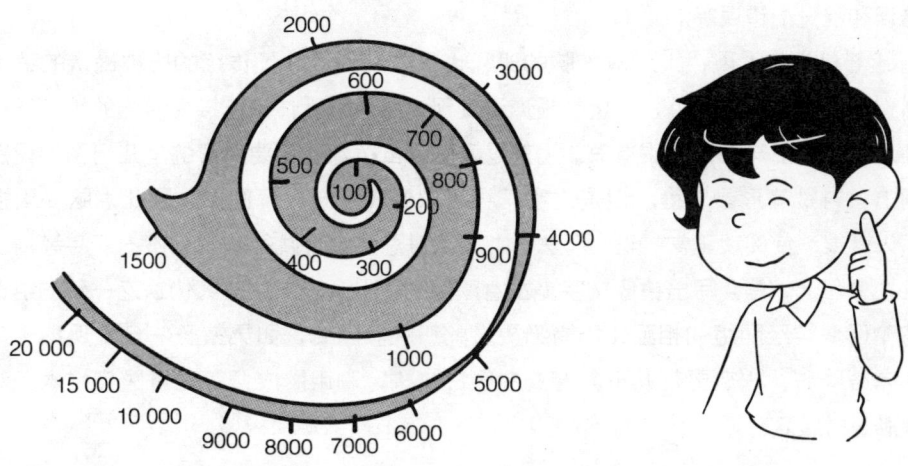

言语障碍和中枢神经系统
言语障碍与大脑哪些部分有关

人类在进化的过程中大脑分成了各种区域，不同区域负责不同功能。言语功能主要由左脑负责。而且在不同的区域更细致地划分了不同的语言功能，如在大脑的布洛卡区是运动性语言中枢，此中枢受损的患者虽能发音，但表达的内容却没有意义，形成运动性失语症。顶下小叶的角回39区是视觉性语言中枢，如果此处受损，虽然能看见文字，但却不能理解文字符号所代表的意义。在颞上回后部22区是听觉性语言中枢，如果受损，虽能听到别人讲话的声音，但不能理解其讲话的内容。在额中回后部8区是书写中枢，如果受损，虽然手的运动功能仍然保存，但写字、绘画等精细运动会发生障碍。

应用脑功能成像技术对言语障碍儿童的中枢功能进行检查并没有发现明显的中枢缺陷。这可能是因为言语障碍儿童脑损伤的程度非常小，以致难以察觉。另外，言语中枢受损严重的人，在言语上的缺陷表现得十分明显。可见，言语障碍儿童的病情并不严重。

言语障碍的儿童表现出的种种问题，可能是大脑在加工外界信息和刺激以及对信息的组织上出现了异常。这种异常可能发生在信息的输入、判断、直到做出行为的过程中的任何一环节或几个环节。根据认知发生错误的特点表现为不同的障碍，如说错误、听错误和视觉上错误等。

随着科学的发展，人们对大脑的研究也更为深入。除了传统的已被确认的语言中枢损伤可导致言语缺陷外，大量的报道还发现小脑、胼胝体（连接左右脑的神经纤维）枕叶及右脑等都与言语障碍有关。尤其是右脑，虽然右脑主要负责的是几何图形识别、空间方位辨别等形象思维。但是文字同样可以看成是一个个图形，因此右脑受到损伤的病人就很难使阅读正常的进行下去，在阅读时总会出现跳行或识别不出汉字等情况。而且在书写上，总会写出镜像文字（左右颠倒的字）。以上的研究仍缺乏一致的结论，对各个区域神经网络的相互作用尚无更多的研究。因此，如果家长一旦发现孩子可能存在言语障碍，一定要带儿童到专业的医疗机构，利用脑成像等先进医疗技术，对儿童大脑进行检查。

语言相关的大脑区域

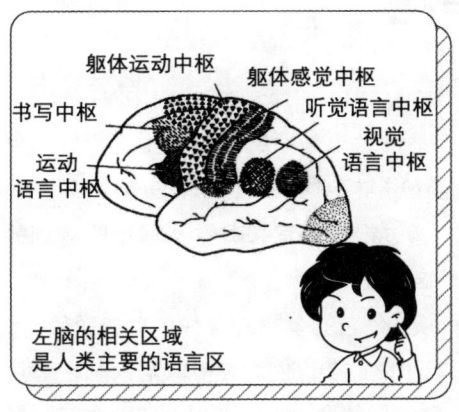

运动性语言中枢受损

视觉性语言中枢受损

听觉性语言中枢受损

书写中枢受损

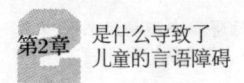
第2章 是什么导致了儿童的言语障碍

大脑的信息处理过程（一）
儿童怎样理解信息

人在看见或听到东西然后做出判断的一瞬间里，大脑内部做着一系列的复杂加工活动。脑的机能和结构是十分复杂的，而且个体差异极大。同样是一件事情自己和他人不一定有相同的认识。通过视觉器官和听觉器官把所看到的和听到的信息通过视觉神经和听觉神经传递到大脑中进行整合。

大脑是一个复杂的系统，外在的事物的各种信息如颜色、形状、声音等通过眼、耳、口、鼻等感受器官转换成一个个神经冲动被传输至大脑，然后大脑对传来的各个信息进行分析，再把零散的信息加以整合，使它们的内部建立起联系，成为一个完整的整体。最后大脑还要调出原有存储在大脑内部的知识对整合后的信息加以判断，赋予其意义。这是一个复杂的过程，中间无论哪个环节出错，都会对最后的判断产生影响，显示我们最后的行为发生错误。

大脑能够在短时间内处理大量的信息，如此高效率的工作与大脑内信息和知识的规范存储是分不开的。大脑就像是一个巨大的网络系统，每天大量的信息被输入至大脑，大脑会对其进行整理。分门别类地放置在它们应该放置的位置，以便于以后调用相应的信息更为方便。大脑就像是一个高速度运转的电脑，帮助我们处理着日常事务，准确、高效、有创造性。举一个大脑工作的例子，在儿童的面前出现一个人，那么这个人的面部信息、声音信息，以及他的气味，他对这个人的感情，就会分别通过儿童的眼、耳、鼻进入儿童的大脑。这些信息在大脑中整合成一个完整的整体。然后与大脑中的已有信息进行对照，如果大脑中原来就有这些信息，那么大脑会对这个人进行判断，他是"爸爸"。并且大脑还同时会调出有关这个人在脑中的所有其他的信息，如"爸爸很疼爱我"，"他是一个很亲密的人"等。然后大脑可能会发出"马上跑过去，抱住爸爸"这样的指令，使儿童最终产生行为。如果大脑中没有关于这个人的信息，那么大脑就会做出他是一个陌生人的判断，给出"远离这个人"或"不要和他说话"等指令。

了解大脑如何加工信息，对于探究言语障碍儿童的言语加工在哪个方面出现问题有重要作用。

大脑的信息处理过程（一）
儿童怎样理解信息

大脑的各部分区域

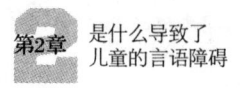

大脑的信息处理过程（二）
儿童大脑如何加工信息

　　大脑对各种信息的整理就像是我们家中对物品的摆放一样。母亲把家中每个人的衣物放在不同的衣柜和抽屉里，如每个人的袜子和手套放在抽屉里，衣服放在衣柜里，当季的衣服要放在上面，不穿或是很少穿的放在下面。容易出褶皱的衣服要挂起来，等等。对于一个正常的孩子来说他们的衣物摆放十分地有条理，在需要的时候就很容易找到。也因此，他们在对信息做判断或加工的时候速度也非常快。而言语障碍的儿童，他们关于言语的知识摆放不合理，没有分类，以至于当外在刺激出现的时候，不能马上提取相应的有关信息。又或者是言语障碍儿童他们的"抽屉"和"衣柜"本身出现了问题，如衣柜的拉门拉不开，等等。这是大脑的硬件出现了问题，但是你可以放心的是这种问题只是在使用速度和质量上有问题，并不是真正的坏掉。例如，找衣服，他们并不是找不到，而是需要一些时间，找到的衣服可能还需要再处理一下。

　　大脑的检索速度，对信息提取的影响也是十分重要的，有的人的网络连接线比较细，节点比较少。就像同样要寻找3样东西，一个人找和三个人找的速度是不同的。外界输入至大脑的信息，一瞬间人就可以整理完成。这是因为人对已经存储进脑内的信息整理得十分有条理，知识的网络系统可以迅速地被激活，从而全面地加工进入脑内的信息。而言语障碍的儿童很有可能是因为他们对信息的整理过于混乱，网络系统不能有效地激活造成的。

　　我们脑内的个体差异其实是很大的，每个人都有自己擅长或是不擅长的项目。这些就是我们个性的体现，彼此之间的差异带给我们色彩斑斓的社会。有的人写文章很好富于联想；有的人数学很好善于逻辑推理，我们每一个人都是不同的，有很多的侧面。言语障碍的儿童他们在言语上的不足也是一种个性上的体现，可能就是对言语方面的认知上有所缺陷，但是其他的方面也许就有很大天赋，也许他们在其他领域会有更大的成就。只要我们给予他们这方面很好的支持和帮助，他们的不利条件就有可能得到改善。

大脑的信息处理过程（二）
儿童大脑如何加工信息

整理知识和信息的脑内结构

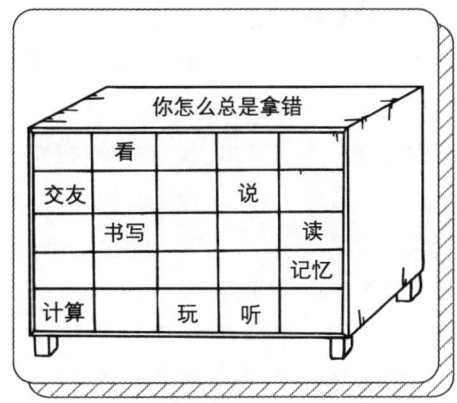
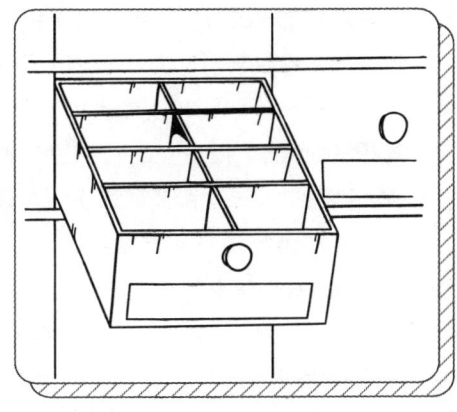

数理能力较好

文字表达能力较好

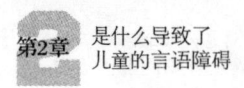

家庭对言语发展的影响
让孩子有个快乐的童年

现代社会尤其是都市中的核心小家庭社会（一般的三口之家），邻里关系变得越来越淡漠，儿童的玩伴也很少，孩子们更习惯于室内的电子游戏而很少进行户外活动。

过去的儿童经常玩的游戏基本上都是在户外，像是玩弹玻璃球，在地上挖一个坑，弹玻璃球，画一条线扔球，看谁能打到玻璃球。这对精细动作要求很高。踢毽子，你的眼睛要追踪毽子，然后才能踢，还能踢出很多花样。在以前传统的游戏中还有打弹弓、撞拐子、抽陀螺等这些都是锻炼手眼协调的。

视知觉能力和精细动作发展好了，有利于孩子们的学习。尤其有利于孩子书写能力的发展。过去的孩子每天在户外活动，做游戏，手眼协调，手很有劲，写东西也不累，再加上作业也没那么多，所以以前的人往往拥有很轻松，很快乐的童年。不像现在的孩子学习压力很大，每天都是在一大堆任务下度过的。而且现在的孩子总是一个人在家里玩，过家家啦、汽车模型或是拼插玩具、小游戏机还有电脑游戏、看电视等活动很受儿童欢迎，都是比较安静的室内活动，不需要大量的运动。孩子们放假就在家里，玩电脑游戏，甚至家长让他们出去玩他们都不乐意去，这时候他的手眼协调得不到锻炼，身体也得不到锻炼，上课坐一会儿累了，没精神了。而且一个人的活动也不利于孩子沟通能力和社会性的发展。快乐的童年缺少不了纷繁多样的活动，而户外活动更是可增加儿童的动手能力，使他们更加亲近自然，对孩子的教育意义重大。

对于有言语障碍儿童的家庭来说，家人之间的良好互动，是帮助儿童改善表述不清、理解不当等方面障碍的重要方式。而且，家庭教育康复训练是完成言语障碍儿童训练的最佳途径。因此，家长们一定要注意孩子成长的环境。家长要抽出时间多带孩子进行一些户外活动，让他们走出室内，多接触大自然，给孩子的生活多一点空间、多一点绿色，还给他们一个快乐自由的成长空间、一个丰富多彩的童年生活，会使孩子们一生受益。

家庭户外活动   **孤独的孩子**

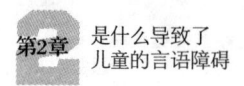

第2章 是什么导致了儿童的言语障碍

孩子早期的语言来自和父母的沟通
多和孩子说说话

爸妈在与宝宝的日常互动中就可以教宝宝说话。亲子交流的质量和频率在很大程度上造成宝宝语言发展方面的个体差异。良好的亲子互动是宝宝学说话的最优氛围,爸妈和宝宝互动的品质和频率决定宝宝日后沟通能力的好坏。妈妈是否热情地与宝宝交谈对宝宝学说话起关键作用,常听到爸妈对他说话的宝宝比不常听到的宝宝懂得的词要多得多。

宝宝在出生后就可以开始教他说话了。虽然宝宝到1岁左右才能说出理解其语义的第一个词,但在这之前的一年里,他已经开始练习控制发音、掌握语义,为日后的"开口说话"做准备。

宝宝的前言语阶段:1岁前练习发音、获得语义。不少宝宝在12月龄时说出了第一个表达其确切意思的词。在这之前的一年里,他们都在为这一刻做准备。他们咿呀作语、咕咕哝哝、哼哼哈哈练习发音,逐步学习对发音的控制。在与爸妈、照顾自己的大人进行日常互动中,发展语言的理解能力,把词的发音和词的意思联系起来,即掌握语义;并通过这种互动,学习构成一个句子的语法规则。

宝宝的前言语阶段发展需要经历以下时期。(1)简单发音阶段(0~3月):3个月时会发较多的元音,如a、ai、e、ou和少量辅音m、h。(2)连续音节阶段(4~8月):会发的辅音增加;而且出现重复的连续音节。宝宝发出 ma-ma、pa-pa 的声音,其实并不是会叫爸妈,而是前言语阶段的发音现象。(3)学话萌芽阶段(9~12月):会发更多的声音和不同音节的连续发音、变换音调,还能模仿成人和学习新的发音。有些发音和具体事物联系,获得语义,说出第一个理解语义的词语。

和其他发育项目一样,宝宝会说话的时间也是有个体差异的。有的宝宝早在9个月就会说话,而有的宝宝要到2岁才会说话,一般来说平均年龄是14个月。只要宝宝的语言发育能力符合不同月龄的标准,爸妈就不用太担心。

宝宝的前言语阶段

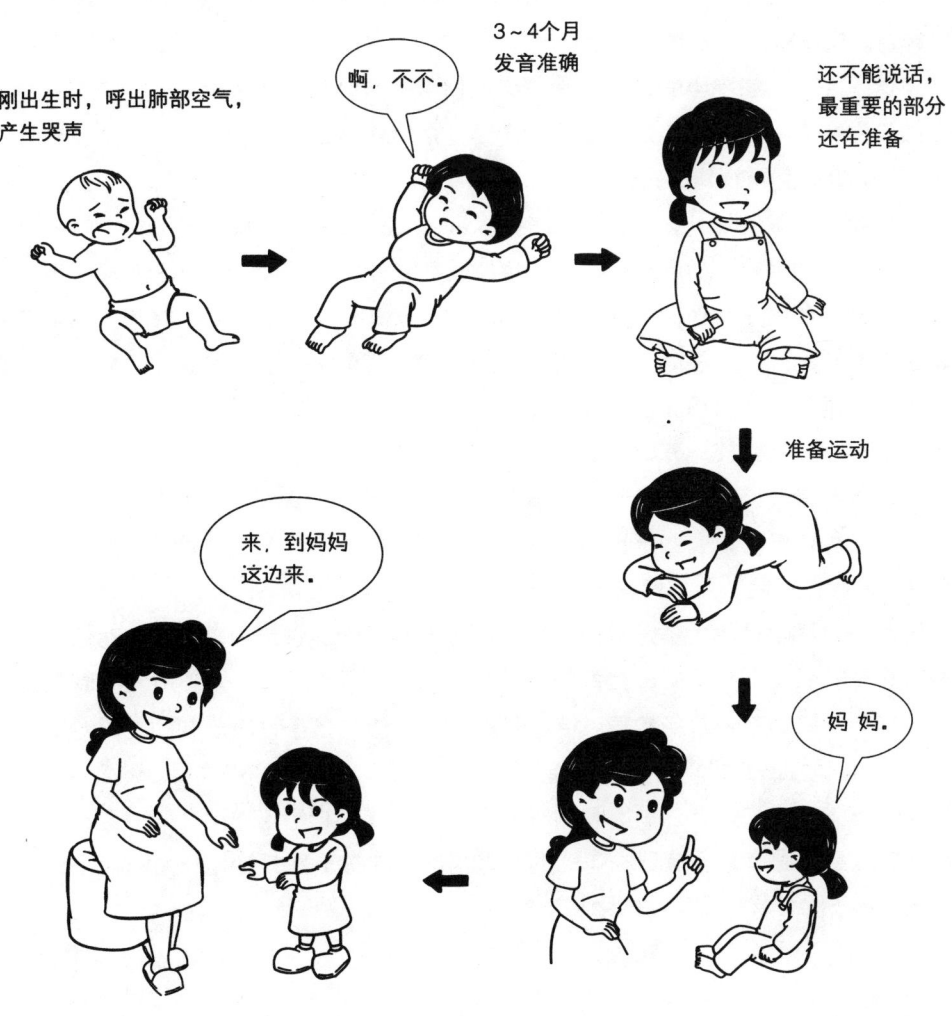

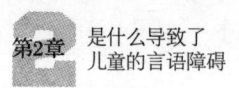

家庭引导对言语障碍的影响
父母要多引导孩子

孩子言语障碍的原因是多方面的。与家长引导不及时，教育不得当有很大关系。实验表明：如果家长注意对孩子的早期语言开发，5~6个月的婴儿能发出"呀""哦""妈""爸"等单音节。6~9个月的婴儿能随大人发出"爸爸""妈妈""果果"等音。这个阶段是有意识的交流阶段。9个月以后，成人就要有意识地教给孩子单音和说话。周岁到周岁半的婴儿是学说话和理解词意较快的发展时期，父母要有意识地向孩子讲解他（她）所接触的事物，使婴儿能说出头、手、脚和五官的名称，以及周围物体如鞋鞋、袜袜、床、椅子等。

一岁半到二岁的婴儿，能说出单词，这段时间也就是单词的发展阶段，这时更需要父母或成人的帮助。如利用玩具、图片或看图认物等进行教育；父母与成人要有意识有计划地去和孩子交谈；创造条件让孩子和小伙伴交谈等。这样，孩子的口头语言能较快地发展起来，在和成人谈话时就能说出较完整的句子。例如，"妈妈出差了，回来给我买饼干、泡泡糖。"等孩子到二三岁时，口头语言发展得更快，更需要系统地教育引导。如果家长一开始就忽视对孩子的早期语言训练，或者由于家长本身就性格内向，不善言谈，疏于和孩子的言语交流，这些都可能造成孩子的语言障碍。在这段时间父母对儿童的语言的干预中，父母要注意避免用语法不确切的话与孩子沟通。等到家长意识到问题的严重性，已经错过了儿童语言发展的良机。

现阶段，我国社会大多是双职工家庭，由于父母的工作都很繁忙，有时候就容易忽略对孩子的照顾。有些父母就算想照顾孩子也表现得力不从心。还有一些就直接将孩子送给爷爷奶奶等长辈们教养。待在爷爷奶奶身边的孩子，由于有些老人对待孩子的观念守旧，而且面对孙子、孙女难免溺爱，所以很容易使孩子养成骄纵的个性。

父母与孩子的交流要注重完整句子的表达，为孩子起示范作用，同时要培养孩子听从指令做事。因此，希望现在年轻的爸爸妈妈们能够更多地抽出一些时间来教育你的孩子。孩子的发展需要父母的爱和奉献。

家庭引导对言语障碍的影响
父母要多引导孩子

耐心的妈妈 **不耐烦的妈妈**

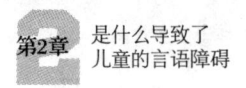

家庭溺爱对言语发展的影响
撒娇的孩子有饭"吃"吗

造成孩子"嘴笨"的另一个原因与孩子过分撒娇有关系。心理学家认为，孩子过分撒娇容易引起多种心理和行为障碍。中国首创的计划生育政策，给中国减少人口的同时，也带来了一大批的小公主和小皇帝。许多家庭经常出现这样的情况，爸爸妈妈、爷爷奶奶、姥姥姥爷，一家六口围着一个孩子转，对孩子的要求有求必应。所以，养成了许多独生子女爱撒娇的性格，许多父母也喜欢孩子撒撒娇。

撒娇是一种融合剂，能促进亲子关系，同时，它也是一种行为方式，一种特殊的手段。孩子向父母撒娇是难免的，这也是亲子情感交流的一种形式。然而，做父母的不能百般迁就，百依百顺，否则会对孩子产生不利影响。父母要把握一定的尺度，不让孩子过分撒娇。许多孩子在向父母提出要求时，往往采用撒娇手段，如果孩子觉得用撒娇的方法提出要求就可以达到目的，那么他们就不需要费心思说一堆理由来说服爸爸、妈妈了。他们也可以用撒娇的方法去应付别的事，如幼儿把嘴张开，并发出"啊啊"的声音，大人就忙不及地给幼儿拿他爱吃的东西；幼儿用手指向玩具，只说："给我"，大人就立即去取玩具。还有一些幼儿用举起食指表示要去厕所，吃饭时用举拳头表示要馒头等，这样孩子用手势就能代替许多言语，对于二三岁的幼儿来说，长此以往，不仅影响言语的发展，也会使幼儿在智力和情感等方面落后于同龄儿童，无形中就是对语言能力发展的压抑。

家长要注意纠正孩子这种"以娇代言"的习惯，特别是不能让孩子用撒娇提要求，坚持让孩子先把理由讲清楚。家长们不要尽责地把孩子们照顾得"太好"，要给他们提要求的机会。

但不是所有的"撒娇"都有坏处。孩子在和父母撒娇的过程中，有时会通过各种言语及行为等方式"哄"父母，以达到自己的目的，这对儿童的言语发展在某种程度上也能起到作用。因此，对孩子的撒娇不能千篇一律处理，应从孩子生理、心理特点出发，正确地理解、把握孩子撒娇的尺度，更重要的是，要教会言语障碍儿童用说话等语言方式来适当撒娇，这样不仅有利于孩子的健康成长，对那些言语障碍儿童的言语发展也至关重要。

家庭溺爱对言语发展的影响
撒娇的孩子有饭"吃"吗

好的做法　　　　　　**不好的做法**

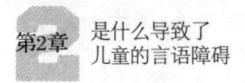

过早发展对言语发展的影响
不要"拔苗助长"

每个家长都希望自己的儿女能够"伶牙俐齿",因此,有的家长忽略了儿童的心理特点,一味地按照成人的标准来要求孩子,拔苗助长,常出现适得其反的结果,甚至导致孩子出现言语障碍。有着二十多年言语障碍矫治经验的一位老教授说,八成以上的家长无法正确对待儿童偶然性言语失误问题,许多家长在儿童语言健康方面,态度与方法存在很大错误。

有一些家长为了让孩子能够在其他同龄人中脱颖而出,十分注重孩子的智力开发,在孩子才刚刚学会说话的时候就学习一些和年龄不符的、篇幅较长的诗歌,进行大量的背诵。但是,家长们忽略了孩子语言表达能力的发展与思维发展的非同步性,即出现了语言表达的速度远远跟不上思维的速度,这时就会出现言语"牵绊"的情况,大脑里想到了,可是嘴却跟不上,表达不出来,时间长了就出现了智力和语言发展的不协调,最直接的后果就是口吃。因此,在儿童言语发展的关键期,父母要对孩子提供必要的帮助,遵循孩子的心理发展水平,切忌拔苗助长。

沟通训练最好的训练情境是在自然情境下进行,家长平时应尽量多制造机会让孩子说话。例如,可通过他喜欢的玩具或活动来练习,让孩子觉得说话或沟通是一件自然愉快的事,万一孩子在说话或沟通上出现困难,父母亲应该以鼓励代替斥责,如给孩子留充分的时间表达他想要说的,即使说不清楚也没关系,等他说完后,再教他说一遍正确的句子,千万不要以命令式的语气向孩子说"再说一次""说慢一点""说清楚一点"等话,让孩子觉得有挫折感,久而久之,孩子可能对自己失去自信心,甚至影响其学习活动。单一的环境缺少很多的体验,造成人生空白。语言的学习经验要透过不同的学习情境刺激,逐步引导孩子说话,如吃饭时间、洗澡时间、旅游、逛街等,都是很好的学习情境,在最轻松、自然的情境下,才能找到最适合的沟通模式。心理学上提倡"共情",只有处于同样的情况境遇下才能感同身受。很多沟通都必须有过相应的体验,才能够理解,才会有效果,只讲道理孩子很难听进去。

鼓励的妈妈　　　　　"拔苗助长"的妈妈

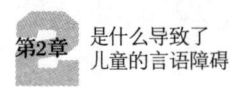

专栏二

言语障碍的致病因素

　　言语能力的正常发展是儿童智能发展的主要因素，也是他们进行学习活动的必要条件。但有少数儿童由于种种原因，言语能力的发展产生障碍：从发展迟缓、口齿不清到口腔及喉部畸形以及皮层损伤所造成的失语症等，不同原因导致的言语异常是很不一样的，因此所采取的教育和医疗措施也不相同。

　　言语障碍的病理原因主要是由大脑皮层一定区域的损伤所引起的。例如，大脑皮层额下回后部功能发生障碍时，病人发声器官的神经支配虽然正常，且可听懂语言，但不能说话，这叫运动失语症；又如皮层颞上回功能丧失的人，虽可听到声音，但听不懂语言的内容，这叫感觉失语症。产生失语症的大脑皮层损伤一般发生在左侧大脑，右侧皮层相应区的损伤并不产生明显的言语障碍。这种左侧大脑皮层占优势的现象主要是和人类习惯使用右手进行劳动有密切关系。2岁或3岁以前的幼儿大脑两半球任何一侧相应区受到损伤，言语障碍没有明显的差别，说明两半球都和言语功能有关。10~12岁，左侧优势正在逐步建立中，左侧大脑受伤引起失语症后，由于补偿作用，在右侧大脑可再建起言语活动中枢，因此在一定程度内仍有可能重新学会讲话。此后，左侧优势形成之后，如果发生左脑皮层损伤就很难重新学会讲话，形成永久性失语。由此可见，儿童失语症的及早诊断和治疗是有重要意义的。

　　儿童言语发展迟缓和异常也可能同儿童的社会环境和情绪的发展异常有关。自闭症儿童的言语发展往往是迟缓的。有人对口吃做了大量的研究，认为口吃多半是在儿童早期尝试说话时，由于父母过分焦虑而引起的。孩子在开始学习说话时，经常会发错音，甚至有点结巴，这本来是十分正常的。但如果孩子感觉到父母对他的说话很焦虑，他就会感到苦恼或难为情，说话就会更加吃力。有人做过一个实验，要求口吃的被试者在两组人面前大声诵读一段课文，一组人是"权威听众"，另一组是"一般听众"。不出所料，读给"权威听众"时，被试者出现了更多的口吃。这说明有的言语障碍是和儿童的情绪适应密切相关的，如果采取适当措施，比如在专门培训时，使儿童只感到需要学习谈话和诵读的技术，而忽略这些缺陷背后的情绪问题；或者使他们从教师那里受到情绪的支持，那么这种口吃的缺陷是可以克服的。

第3章
儿童言语障碍的症状与诊断

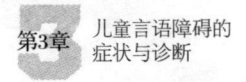

第3章 儿童言语障碍的症状与诊断

言语障碍症状概说
言语障碍的症状表现有哪些

言语障碍儿童主要有以下 4 种表现：

说不出　表达有困难的孩子通常在言语理解上也有困难。他们在使用语法规则时经常出现错误，如主、谓、宾的顺序混乱，句子表达缺少基本语句成分，而且在复述内容或叙述事件时，不能轻松地表达出来。有表达障碍的孩子会混乱表述所发生事情的顺序或内容表述混乱。在说明自身的经历或经验上也存在困难，很难让人正确理解，也会在交流中跑题。

对这样儿童的教育要注意以下几点。当孩子说错话的时候，不要忙着否定他，在表达失败的时候，应该给予及时的补充，告诉他正确的表达方式。

看不懂　有阅读障碍的孩子在阅读文章时存在困难。读书时容易忘记自己读到哪里，并且在相似的文字上总是出现辨别错误。有时会跳行阅读。

对这样儿童的教育要注意以下几点。应该挑选孩子们感兴趣和关心的书籍。挑选书籍时应注意选择字号大一点的。读的时候，用手指指着阅读，可以避免读错邻近的字。

写不会　书写障碍的儿童即使能够认识这个字，但是在书写这个字时却表现出困难，总是把文字的上下、左右写颠倒。即使再写句子或词时，也会出现把词或者词组写颠倒的情况。由于儿童的书写经常出现错误，他们对自己书写过的内容也无法理解。

对这样儿童的教育要注意以下几点。在学习汉字时，老师要把笔画顺序教清楚，而且把汉字结构和造字规则介绍给孩子，这些知识有助于孩子对汉字的记忆。

听不懂　在理解上有困难的儿童，他们很难理解在集体生活中，老师的各种指示（表现为不按照老师的要求做事情）。尤其在老师提出两个或两个以上的指示时，理解就更为困难。在听别人说话的时候，注意力也不能完全集中，他们不能抓住别人说话时要表达的重点。在有复杂逻辑关系的句子上，如因果关系或假设关系的句子，他们的理解会更困难一些。

对这样儿童的教育，不只是使用词语，还可以用多媒体和卡片等辅助的视觉信息进行教学。

言语障碍的症状表现

说不出的小红

看不懂的小天

写不出的小宇

听不懂的小明

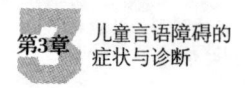

第3章 儿童言语障碍的症状与诊断

言语障碍儿童的症状类型
判断儿童属于哪种言语障碍

儿童从小就接触着大量的言语刺激。他们在生活中听成人说话，学成人讲话，并且通过成人的指导，将自己的意愿表达，学会把身边的事物与概念联系起来。但是在成长过程中不是每个儿童都能顺利地渡过这一阶段。在每一个阶段都有很多易发的问题。言语障碍的儿童会表现出一些困难，如不能正确地组织语言进行表达、不能够听懂对方所说的内容，还有就是在交谈的过程中，不能配合对方的表情、肢体语言或是语音、语调以至于不能准确地理解对方所要表达的含义。这种孩子在理解和模仿上出现了障碍。

有一些孩子总是无法集中注意力听别人讲话，即使他们很想听懂对方要表达的意思，但是对方的话语就像是一个一个跳动的音符从耳边飞过，怎么也进不到耳朵里去。还有一些存在表达障碍的儿童，他们很难流利地说出一个句子。在表达的过程中经常使用"这个"或"那个"等代词，而且在词与词的连接上也会经常出现停顿，不能准确发出字的读音（即构音问题）。他们能够理解话语的意思，但是却不能把词语很好地组织起来表达自己的意思。

另一些孩子头脑中的词语存储就像是一个杂乱无章的大衣柜，无论你要从中提取什么词都要花很多时间，把词语进行有效地排列要花很多时间。这样他们的反应就会比别人慢很多，给人一种愚笨的印象。

还有一些孩子，他们的记忆力好像出现了问题。明明是刚刚听到的话，却忘记了。重新听了好几遍，但却怎么也记不住似的。这样就不能连贯地听对方说些什么，也因此总是犯理解上的错误。

对于言语障碍的孩子来说，在与人交流上存在着很大的问题。有时并不一定是因为他们不能很好地使用词语或是不能听懂对方的话，而是他们不会用言语表达自己内心的想法，在交流的过程本身也会出现各种各样的问题。对于以上的这些情况，在平时的生活中家长要留心观察孩子的语言表达，及时做出应对措施。同时也要多与孩子交流，了解其语言发展的现状。

言语障碍儿童的不同症状

不能把词语组织起来

不能连贯地听到

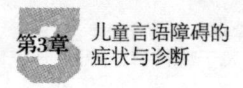

言语障碍儿童在交流中的问题
不能与他人交流的言语障碍儿童

交流的本质是你能了解对方所要表达的真正意思（而不只是他所说的词语），并对他要表达的意思做出正确的回应。反语就是在语言表达中，说话人所要表达的意思和表面句子不相符的典型例子。例如，儿子弄乱了母亲刚刚收拾好的房间，这时母亲如果对孩子说："你真是一个乖孩子啊。"那么无疑母亲所要表达的是"你这个孩子实在是太淘气了。"但是对某些言语障碍的儿童来讲，他们就听不出这是母亲在批评他的意思。而且言语障碍的儿童还很难理解一些祈使句。例如，一个言语障碍的儿童接起一通电话，对方说："你能不能找你的母亲接电话。"那么，孩子很可能回答为"能"。然后等着你继续说下去。他不能明白这是你想让他找他的母亲接电话。

还有的一些孩子反映出在与人交流中不能同时注意对方的反馈信息，只是要把自己想说的说完，至于对方是否爱听，他就不去考虑了。在谈话的过程中，有言语障碍的儿童通常表现出他们说话的内容不连贯，刚才讲着的一个话题，不一会儿就又跳到另一个话题上，经常让对方感觉到莫名其妙。而且一些言语障碍儿童，他们很少注意对方的表情或是语调，也不能把这些信息整合到对言语的理解上。因此，言语障碍的儿童不能很好地进行交流，很难成为谈话高手。但是，对于他们的这种不足，并不是他们所期望的，需要周围人的理解，家长不要对他们过于苛求，最好在和他们的交流过程中不使用反语，句子的长度也要注意。

我们要对言语障碍的儿童进行矫正，首先就要了解他们的病因。如一个在言语信息的接收上存在障碍的儿童，那么他们为什么"听不懂对方所说的内容呢？"是因为没有集中注意力，还是记不住对方说的话，又或者是因为对方说得太快、太多，孩子还来不及理解。

上述所说的这些症状及其原因，不一定单独出现，有复数症状或更多并存的现象。在大脑的结构上，可能是一处受损也可能是多处受损；而且一处的损伤也很可能给另一处带来影响。因此，言语障碍的表现可能是多种缺陷并存的，并且原因也是复杂的。

言语障碍儿童在交流中的问题

儿子听不出来母亲的反语

孩子听不懂别人的话

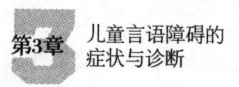

言语障碍儿童在阅读与书写中的问题
孩子,为什么你写作业很困难

小刚今年上小学三年级,他上课积极回答问题,其他表现也不错,可一提起写作业就令家长头疼不已。原来,他写作业很费力,不是边写边玩,就是错误百出。他的一个突出特点就是爱说不爱写,家长总说他太懒。后来他的情况越来越严重,父母带他到医院做检查,发现小刚在理解能力、语言表达能力方面很正常,但在书写能力方面极为落后,在做视-动统合测验时,即使是特别简单的图形都出错,所仿绘的图形在距离和方位上与原图相差甚远。他执笔肌肉紧张,看一下才能写一笔,好像在做一个复杂的事情。导致他写作业时,不能快速而准确地完成,容易疲劳,注意力难以集中。医院诊断这种问题属于学习障碍的一个类型:书写困难。

书写障碍的儿童无法从文字推向画面,较爱看有图片的书籍,排斥文字多的书,断句困难,阅读缓慢,用手指辅助阅读仍跳漏字。言语障碍有着各种各样的表现,其中以阅读理解能力和书写能力,与学习的相关最为明显。阅读理解能力即阅读文章的能力,是在阅读的过程中形成和发展起来的,它是一个十分复杂的结构系统。不只包括对文字的阅读还有阅读时的语言流畅性以及对文章本身的理解等与阅读有关的各种能力。拼写能力,即对汉语拼音的拼写和对汉字的书写能力。其中听到读音书写汉字和按照自己的想法书写汉字,这两种情况是不同的,在障碍中是相互分离的。阅读和书写能力是学习所不能欠缺的能力,一旦这些方面出现了困难,即使你的其他方面都很正常,但是由于不能阅读教材或是不能很好地做题,就会妨碍其他学科的发展。

关于文字书写和阅读障碍,可能来自于各种各样的认知缺陷,所以表现出在更具体的类别和程度上较大的个体差异。因此,要根据各个孩子的不同特点,采用不同的方法进行教导。在西方对言语障碍的研究较多,而且主要集中在儿童的"阅读障碍"上,根据数据显示欧美的言语障碍儿童有八成出现阅读障碍问题。对于有阅读障碍的儿童要消除妨碍儿童语言发展的因素,创造轻松、愉快的训练气氛,有利于儿童语言的发展。

小刚的困惑

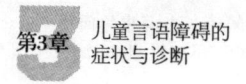 第3章 儿童言语障碍的症状与诊断

书写障碍的特点
言语障碍儿童在文字书写上表现的不足

书写障碍在不同的认知加工阶段有不同的偏差，就会有不同的表现特点：

（1）不能正确判断多音字的读音。中国的汉字中有许多字是多个读音，例如"恶"字，当组词成"厌恶"的时候，它读"wu"四声，当组词成"恶意"的时候，它读"e"四声。这个对一般儿童来说很简单，但发音障碍的儿童却很难对多音字做出正确判断。

（2）不会断句，当读到"中华人民共和国是我的祖国。"这个句子的时候，正确的读法是将"中华人民共和国""是""我的""祖国"几个词分别断开来读，以词为单位来理解句子的内容，有阅读困难的儿童却总是以字为单位一个字一个字这样逐字读，因此他们很难理解句子的意思。

（3）拼写的时候不按规则书写。比如在拼音的书写中 j、q、x 后面如果跟着 ü，那么 ü 上的两点是要去掉的，但是拼写障碍的儿童却经常犯错，而且拼写的顺序也总是搞混，不能正确写出汉字的拼音。

（4）不能正确地书写汉字。有的儿童即使拼音写对了，却不能正确地书写汉字。一旦汉字的笔画数多了，或是结构复杂了就会出错。而且有时对字体的空间结构也不能掌握，不是左右写颠倒，就是上下写颠倒。

（5）不能建立读音和文字的联系。"好"字应该读作"hao"，可是有这方面言语障碍的儿童却总是读错，但是能够理解所见文字的意思。

通常言语障碍的儿童从小动手能力较差，在手工和美术方面成绩也不好。他们在听说方面不落后，但在运用眼睛来抄写或阅读时就会显现出问题。在日常生活中，视知觉起主要作用，大约有70%的信息要通过视知觉传递给大脑。一般视知觉发展不好的孩子看上去很聪明，但往往上学后就明显地表现出不适应，阅读更是漏洞百出，书写认真但常常会有错别字。这些现象足以说明孩子需要在视知觉方面进行强化训练。有心理学家甚至说"视知觉就是智慧"。试想，一个智力再高的人，如果写作业经常看错数字，或写东西极为拖拉，也不能取得好的成绩。

书写障碍的特点

不能正确判断多音字

不会断句

不按规则拼写

不能正确书写汉字

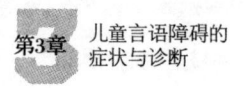

言语障碍儿童在学业上的表现
言语障碍儿童为什么学习有困难

对孩子来说学校的生活占了相当大的比例,特别是对学习成绩十分关注的现代社会。言语障碍的儿童在学业上容易表现出各种各样的困难。由于对外在刺激的加工上有着极端的偏差,因此在集体的学习生活中与其他儿童相比也表现出极大的不同。

由于在书写和阅读这些基本的学习技能上存在偏差,因此,对整个的学习活动都会产生影响。而且在学业的不同科目上也有表现出极端差异的个体,比如语文怎么学也学不好,但在数学方面却表现出惊人的天赋。言语障碍儿童不只在学习上,在与学校生活相关的方面还有其他各种问题,如由于缺乏学习技能变得不再自信,儿童的自尊心受到伤害,被其他的同学孤立或欺负,等等。

家长和老师要注意儿童自身的感受,言语障碍的儿童由于自身言语的缺陷,很少有机会体验到成功的经验,也很少受人表扬。因此,他们的自尊心和自信心很难得到发展,造成他们心灵的缺陷。言语障碍的儿童有着其他儿童所不能体会的烦恼,随着年龄的增长,这种痛苦也会越来越大。学习的过程是把基础能力逐步应用到生活中,通过知识的反复运用使之成为一种技能而被固定下来。如果没有合适的指导,随着年级的增长课业负担的加重,言语障碍儿童面对的困难也随之加重了。并且随着年龄的增大,他们自己也会感到和周围儿童的差距。因此,言语障碍的儿童不只有学习上的困难,还很难给予自己正确的自我评价。随着他们自我意识的出现,会变得不安、自卑,也有一些儿童为了压抑自己的不良情绪,采用反抗的态度。如果孩子受到这些问题的困扰,父母就更加痛不欲生。望子成龙的期望破灭,孩子从活泼可爱变成孤独沮丧,那是多么痛心的事。所以,学习困难不但对孩子自身造成伤害,也会影响到他们的家人。作为家长要经常和孩子进行沟通,倾听他们的不安和疑问,了解孩子对自我的认识。面对孩子的困难家长要用一颗包容的心去接纳他们。其实做到这一点并不容易,许多家长都处在迷茫与彷徨之中。在下一章里本书会对言语障碍儿童的育儿方法提出几点建议,希望可以对各位家长有所帮助。

言语障碍儿童的校园生活问题多种多样

言语障碍儿童的视觉能力
言语障碍儿童眼中的图形

一般来说书写有问题的小孩,同时在精细动作的发展上也特别差。如做手工、美术、画画等方面都表现得不尽如人意。

书写有困难的孩子描摹能力都比较差。他们照着一个东西画,但是最后很难和那个他们要描摹的图画相一致。他们可能会把两条交叉的线条画得彼此分开,也可能把圆形变成了椭圆,还可能把封闭的图形变得有了缺口,总之如果用视觉统合测验来测量,让小孩照一个东西画,这时候对书写有困难的小孩子来说是非常困难的。

书写有困难的孩子一般视觉追踪能力也比较差。什么是视觉追踪能力呢?家长可以拿一个铅笔,在小孩的眼前晃来晃去,让孩子盯着铅笔看,用眼球来追踪这个笔尖,这时你会发现有些孩子眼球运动特别差,他们的眼球不会动。脑袋动眼球不动,还有的小孩,即使你的笔尖还没动,他的眼球就已经提前往你要动的方向去了。这实际上是反映出大脑对眼球肌的调节有问题。也就是说大脑不能有效地调节眼睛肌肉,使眼球不能够适应外界物体的移动,这样就妨碍了孩子的正常学习。因为研究发现书写也好,阅读也好,孩子的眼球始终是需要动的。如果儿童的追踪能力发生了困难,那么孩子就会在书写和阅读上发生各种各样的困难。如经常将左右偏旁颠倒,比如说白勺"的",他把这个勺写左边,白写右边;没有的没,他能把三点水写到右边;或是把大刀写成大几,将数字写反等。

追踪能力有缺陷的孩子,经常把文字或是数字写颠倒。一般来说八岁以后,很多小孩就好了,但是也有一些发展的更为严重。除了表现为颠倒的问题,还经常将"+"看成"-",乘号看成除号,在计算的时候,忘记计算中的进位也时有发生。特别是竖式计算特别困难,竖式计算对视觉的要求特别高。因为它的数字是上下要有一定的行距,而且要连加连减,数字很密,所以视觉追踪上有困难的孩子,不但在书写上有问题,在计算上同样有可能出现困难。

书写障碍的孩子可能是视觉能力出现问题

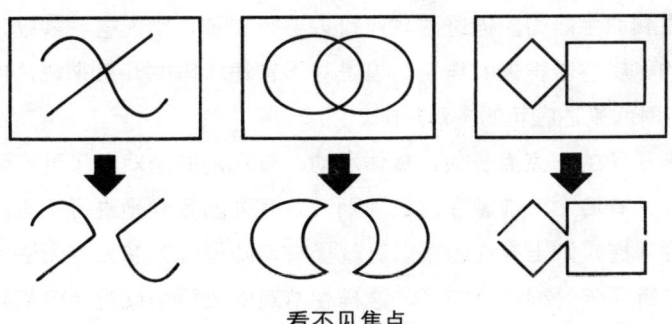

看不见焦点

没有交叉

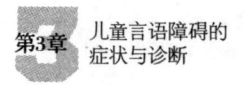
第3章 儿童言语障碍的症状与诊断

言语障碍儿童的社会性发展
言语障碍儿童在日常生活中的问题

言语障碍的儿童不光在学习上表现出困难，在日常生活的交往过程中，他们的社会性发展也会出现各种各样的困难。这些困难可能是因为他们的交流能力差、也可能是因为学习困难带来的压力大等因素造成的，由于学习上的困难使孩子的心理变得自卑，不愿意与人交流。

在孩子们的成长过程中，游戏是一个重要的环节。孩子们在游戏的过程中可以发挥儿童的想象力和动手能力。通过游戏还可以进行交流，掌握各种规则，培养友谊，对儿童社会性的养成有着积极的作用。但是对于言语障碍的儿童来说，他们要比别的小朋友花更多的时间来适应新的游戏规则。

首先，随着孩子的一点点长大，集体活动、有规则的游戏占了他们生活中的一大部分。在游戏中只有每个人都遵守游戏规则，游戏才能顺利地进行下去。但是某些言语障碍的儿童在掌握规则上存在困难。这就极有可能是因为怎么也无法集中注意力听清规则，有的是听了但是很快就忘了。这样在游戏的过程中就难免会犯错误，引起其他小朋友的不满，与小朋友们产生分歧。在伙伴之间产生矛盾了，就要解决。通常人们最常用的方法莫过于坦诚的交流。在我们日常生活中也是一样，你的想法要通过语言传达给对方，让别人了解你，甚至接受你。矛盾也是一样，如果双方都能够把自己的意思表达明白，相互谦让、谅解，那么矛盾也很容易就会化解。但是言语障碍的儿童由于他们的表达能力有限，不能把自己的想法完整的表达，很难与同伴进行沟通。因此，在游戏中言语障碍的儿童很容易与同伴发生矛盾，而且有矛盾也很难通过言语解决，这就严重阻碍了儿童社会性的发展。

帮助言语障碍的儿童明白游戏规则，帮助孩子认识情境中的人物以及人物的想法；让孩子参与各种类型的活动；鼓励儿童发展自己的兴趣；快速融入游戏中去，也是家长必须思考的问题。

言语障碍儿童的社会性发展
言语障碍儿童在日常生活中的问题

"犯规"的小天

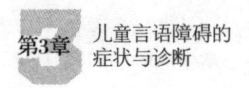

言语障碍儿童在社会交往中的问题
言语障碍儿童在集体生活中的常见问题

学生之间最重要的就是朋友之间的交流。言语障碍儿童由于自身的缺陷,会逃避与他人交流或成为朋友。因此,他们的社会性发展会受到阻碍。言语障碍儿童由于自身的原因,学习不好,导致老师和同学都不会关注,甚至受到同伴的嘲笑,这就加深了言语障碍儿童心里的挫折感和不满,不愿意融入集体中,甚至与他人发生争吵或打架,来证明自己的存在。这种情况持续下去,老师、家长、同学都认为他们是"坏孩子",开始不理睬他们。这样容易使他们更远离集体,不能融入集体中。而且会有厌学、逃学等消极的心理产生。这种消极的心理对儿童以后的生活也会产生严重的影响,甚至会引发一些其他的心理疾病。

现在,面对社会竞争的压力,需要人的全面发展。不只是在学校学习的知识,与人的沟通能力同样是儿童为了适应社会所必须掌握的技能。言语障碍儿童由于言语发展迟缓,或是学习困难导致的情绪暴躁等,都不利于他们人际关系的发展。言语障碍儿童的社会性发展不像学习困难表现得那么突出。而且与其他多动症儿童或抑郁倾向儿童相比,言语障碍儿童的外在行为表现也不是十分的明显,因此他们的社会性发展经常被家长所忽略。言语障碍儿童要接受各方面带来的压力,作为父母、学校、社会,都应该予以关注。为了儿童的健全发展,需要老师和家庭双方面提供给儿童一个适合他们全面发展的环境。不要因为他们有缺陷,怕他们受到伤害就使他们放弃与同龄人交流的权利。每一个儿童都需要朋友,家长要做的是在日常生活中多与他们交流,多教给他们关于交往的知识以及在交往中应该注意的事项。虽然他们在这方面的学习要比其他的儿童困难,但是只要有耐心和正确的方法,就能使言语障碍儿童和其他儿童的差距一点点的缩短。使他们心理和生理得到健康的成长,受到平等的待遇。

言语障碍儿童在社会交往中的问题
言语障碍儿童在集体生活中的常见问题

"不合群"的小明

"搞不明白老师说些什么"

没有自信

社会性发展不被重视

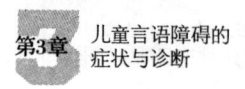
第3章 儿童言语障碍的症状与诊断

言语障碍的年龄差异（一）
言语障碍婴儿期与幼儿期的特点

言语障碍儿童在不同年龄阶段的表现有所不同。

婴儿期 言语障碍儿童在出生后的半年时间内没有什么异常表现，只是与母亲的互动较多并且经常撒娇。但是孩子到了通常我们所说的能够"认人"这个阶段的时候，言语障碍儿童对生人和家人的反应没有太大差别，还是和早些时候一样，无论对谁都十分亲近，对每一个人微笑，对任何人的触摸也都不排斥。等到其他儿童开始模仿大人的简单动作时，言语障碍儿童也总是难以做到。

幼儿期 从幼儿期开始，儿童通过每天获取的不同知识开始成长，言语障碍儿童的不同就会表现出来。例如，不能记住词汇、不能正确地书写文字、说话缓慢吐字不清、听不懂父母的话、不会做出简单的指令，等等。

在幼儿早期，言语障碍儿童的言语发展就比较缓慢，在言语的表达上，即使是经常用的词也总是说不好。在言语的理解上，对父母和其他人的话总是做出不恰当的反应，这实际上是由于没有明白父母的指示或是无法用自己的言语来表达出正确的意思。

而且某些言语障碍儿童开始学会走路的时间也比别人晚。即使会走，也比其他儿童表现得更为笨拙一些。经常使用爬或者滚的方式来代替步行。言语障碍儿童几乎没有学步较早，或是马上就能学会的，而且在和母亲的交流上也存在着困难。但是这种困难表现的不是十分明显，因为尽管儿童可能听不懂母亲的言语，但是他们可以通过母亲的肢体语言来读取母亲要表达的意思。同样他们也能用肢体语言来表达他们的想法。此时的儿童学会一些动作时没有语言作为辅助的指导，所以做得比较慢。再长大一些到了其他儿童可以用比较丰富的言语来表达自己思想的时候，言语障碍的缺陷就表现得更为明显了。这个时期表达能力或是听觉理解方面有障碍的儿童往往会引起一些家长的注意。所以，家长要多观察儿童平时的动作和反应，创造机会让孩子表达自己的想法。

正常儿童的婴儿期和幼儿期

言语障碍儿童的婴儿期和幼儿期

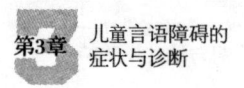

言语障碍的年龄差异（二）
言语障碍在幼儿后期的特点

言语障碍的儿童在幼儿后期表现出情绪不稳定、冲动等。他们不能适应集体生活，也不喜欢集体游戏，总是一个人独自的玩。因为言语障碍使他们不能及时地明白游戏规则或者是老师的指令。从而对集体生活和集体游戏产生了抵触心理。对简单的游戏或是经常做的游戏，虽然不能玩得很好，但是也并不会出现逃避的情况。幼儿后期，游戏是他们的主要活动。

进入小学后，言语障碍儿童在学习方面的障碍变得更为突出。例如，有拼写障碍的儿童在学习汉字拼写时，总是表现不佳，容易出现错误。而患有阅读障碍的儿童也遇到类似的情况，虽然他们可以一个字一个字地读出来，但是不能理解其中的意思，甚至跳行。还有其他症状的言语障碍儿童会表现出忘记老师布置的作业，或者不按照老师和学校的要求，做出违反规则的行为。而这些情况的发生并不是儿童自身不愿意学习或学习心不在焉。与其他儿童用相同的方法时，言语障碍儿童还是无法学好。如果老师和家长没有意识到孩子有言语障碍，对孩子进行批评教育并施加压力，可能会使言语障碍儿童失去对学习的兴趣和动力，对今后的学习以及心理健康的成长造成一定程度的伤害。

如果孩子已经意识到自己和其他小朋友的不同（自身存在缺陷），那么他们这时往往会回避生活或学习，从而产生各种各样的问题。即使是和成人之间交流没有什么问题，但是与同龄孩子的交流会出现困难，从而逐渐从集团中淡化出去变得孤立。这也是言语障碍儿童为什么很难交到朋友的原因。由于沟通上的缺陷，他们很难把自己的想法表达出来，越是不能表达就越是着急，脾气暴躁，经常和人产生争执和口角。对别的孩子表现出具有攻击性行为的频率也高于其他儿童。因此，使人产生言语障碍儿童品行不好的错觉。而这些问题会随着年龄的增长而使言语障碍儿童与其他儿童的差异扩大，在理解他人和与人交流时越来越困难，进而造成他们不愿意参加集体活动。所以关于言语障碍儿童的沟通交流问题要引起家长和老师的注意。

言语障碍在幼儿后期的特点

脾气暴躁，经常与人产生争执和口角

丢手绢游戏

"萝卜蹲"游戏

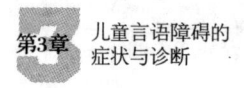

第3章 儿童言语障碍的症状与诊断

言语障碍的初步诊断（一）
家长要多观察儿童言语发展情况

到底孩子是不会说还是不肯说，是内向害羞还是发展迟缓，也是对言语障碍进行诊断的重要步骤，需要我们进行长时间地观察。

观察可以从以下几方面进行：

幼儿对于感官刺激的反应符合其年龄应有的反应吗？

任何一个孩子只要视力、听力正常，对于环境的刺激，都可以透过视觉、听觉、触觉、味嗅觉等来接收并加以反应，这些对于感官刺激的反应，就是未来认知能力发展的基础。所以，如果一个虽然不太会说，但对于感官刺激有其年龄应有的反应，就可以先排除孩子可能因为听力障碍等因素而导致不会说话的情况。

观察孩子的沟通行为和互动能力符合其年龄吗？

即使不会说话的孩子也可以借由某些方式来表示他的需求，来跟别人互动，例如，当他想出去玩会拉着大人的手，指着门来表达；想吃饼干，他会嗯嗯啊啊地说个不停，甚至把饼干盒子拿到大人的面前要人帮他打开，这些互动沟通的行为可以透过不同沟通情境或游戏中被观察到。二岁以前的孩子是用很多的动作、手势、声音来与人沟通的，但是两岁多的孩子就可以用语汇来表达了。所以，如果孩子用低于他年龄层的方式来表达，或沟通行为不适当，比方说，他用撞头、自我刺激行为来表达他的需求与情绪或根本很少有互动行为，我们就应当注意孩子可能有语言发展或沟通发展上的困难了。

孩子的认知理解能力符合他的年龄吗？

如果孩子的理解能力，特别是听觉的理解能力符合他的年龄，虽然口语表达能力发展稍慢了些，但多数能迎头赶上，这就是我们常说的"大器晚成"型。反之，如果孩子到了该听懂大人所说的某些话，却表现出没听懂，或到了该能辨识生活中常见事物的年龄，还是分不清杯子、鞋子，我们就应该怀疑是发展迟缓的问题，需要尽早寻找专业人员做进一步的评估，接受早期疗育。

家长要多观察儿童言语发展情况

发育迟滞

言语表达正常

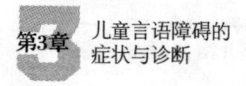

第3章 儿童言语障碍的症状与诊断

言语障碍的初步诊断（二）
孩子的说话有问题吗

虽然口语表达能力并不是鉴定语言发展的唯一标志，但我们还是可以从孩子说的话多不多，语句够不够长，是不是够完整，是不是清晰流利等方面，来了解孩子语言发展的问题。

口语表达会受到幼儿气质及情绪表现的影响，例如内向的孩子、正在闹情绪的孩子、面对陌生人或陌生情境的孩子，即使是正常的孩子也会有失常的表现而不说话，所以老师及父母要去区分这些可能的因素，避免将内向与语言发展迟缓画上等号。不要单凭孩子"说"的表现来论断孩子的语言发展，而应该从沟通行为、沟通的机会、认知的能力、对感官刺激的反应，以及情境判断的能力等来观察孩子的语言发展。

一般来说，语言发展迟缓的孩子除了说的能力明显落后之外，也会伴随一些学习能力较为不足，在复杂的事物、逻辑、推理、顺序等方面也会产生不同程度的困难。这些孩子在教室里除了表现出不说话之外，也会出现学习比较落后，注意力比较涣散，对学习的内容有听但没有懂等的情形，而气质内向的孩子就不太会有这些现象出现。

父母在孩子成长过程中扮演着非常重要的角色，但现在社会中父母非常忙碌，与孩子的互动较少，大部分孩子与人交流的经验来自动画片、故事书和儿歌等，因此会造成即使有很好认知能力的孩子也可能在与人交流中出现问题，这时候要注意与言语障碍儿童区分，他们只是缺少与人的交流互动，并不是儿童自身言语发展有问题。

对于语言发展有困扰的孩子，例如对疑似语言发展迟缓的孩子，父母应尽早带孩子去寻求专业上的协助，进一步来了解孩子是否有发展迟缓的问题，如果孩子确实在发展上出现了问题，早期治疗是最好也是唯一的良药，不要再安慰自己孩子不过是大器晚成、长大了自然就会好，因为孩子的成长不能等待，孩子的发展不能偏颇，面对孩子的发展与成长，我们要以客观的角度去观察，对孩子发展能力的促进，要以全面性的发展为依据。

口语表达能力是鉴定语言发展的重要标志

气质内向的孩子 语言发展迟缓的孩子

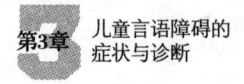

第3章 儿童言语障碍的症状与诊断

言语障碍的进一步诊断
如何确定孩子是否有言语障碍

对于言语障碍的确诊（主要是脑、测验）是一个很复杂的过程。首先要带孩子去医院进行相关的检查，确定在医疗机构没有检查出致病原因，即没有任何引起言语障碍的生理病变，并且这种不良情况持续很长时间都没有改善，方可做出诊断。

在医院要进行脑电、CT、功能性磁共振等大脑成像的检查，同时确定没有癫痫等脑内病变。还要仔细询问家长，儿童年幼时的状况以及成长经历。因为考虑到遗传因素的影响，因此最好家长也要接受同样的检查。另外，心理测验的结果也对言语障碍确诊有参考价值。在经过医学的检查之后，通过智力测验和性格问卷对孩子的智力和性格特征进行检验，确定儿童的智力发育正常（通常要求测验的总分高于70分）。因为智力测验中包含着测量不同认知成分的子测验，因此，可以通过各个不同子测验的分数，看出各认知成分的具体特征。一般来讲，言语障碍儿童在言语自测验的分数上较差，但是在其他子测验上和别的儿童并没有明显差异。根据检查结果，与儿童目前的学业状况进行比较，作为确定言语障碍的依据之一。而且还可以为以后指导方案的制作提供有价值的信息。对儿童的性格特征进行测量，考察儿童的性格特点，对他们以后的社会性发展有着很大帮助。

即使是对于专家来说，要做出言语障碍的诊断也并不容易。根据以上叙述的内容，言语障碍的诊断主要有以下几个步骤：

首先要根据医生的检查，确定在身体上没有病变，还要检查是否有智力延迟，或是认知缺失现象。还要向家长和老师了解孩子长期的生活和学习状况，是否有听、说、书写障碍。最后，根据检查的结果，对儿童言语障碍的类型加以明确。有些人十分反感把言语障碍的帽子加在孩子的头上。但是做出诊断并不是我们的目的，能够找到孩子认知缺陷的突破口，找到适合的教具和指导方法，最终使孩子可以健康、快乐的发展，才是我们所希望的。

如何确定孩子患有言语障碍

诊断并非目的，
根据儿童的自身特点，
寻找适合的指导方法
才是目标！

对儿童进行相关生理检查

对儿童进行智力测验与性格检测

向家长和老师了解孩子长期的生活和学习状况

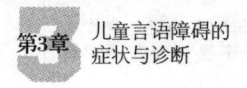
儿童言语障碍的症状与诊断

国外言语障碍的测量手段
国外有关言语功能的量表

在心理学里有许多对人各种功能进行检测的量表。如对智力检查的斯坦福－比纳量表，对性格分析的艾森克量表，对临床症状进行测试的SCL90等。对于进行语言功能的测量量表也有很多。在国外对语言功能的测量方法，主要是：斯浦林·本顿的失语症测验、霍尔斯特德·威浦曼的失语症筛选测验、明尼苏达失语症测验、波士顿诊断性失语症测验、治澄子失语症检查法、构音障碍评测法等。

波士顿诊断性失语症测验（Boston diagnostic aphasia examination，BDAE）是目前英语国家应用较为普遍的一种失语症诊断测验方法。它由5个大项26个分测验组成。每个大项各针对言语行为的一个主要功能侧面，它们是：书面语言理解，是检查书面语言的接收功能。书写，是检查书面语言的表达功能。该测验有一套标准化的评分方法，临床使用系统客观。口头表达，是检查口语的表达功能。会话性交谈和阐述性言语，以检查综合性的言语交往能力。听力理解，是检查口语的接收功能。

上述国外对言语功能的测量方法，我国不能直接照搬并应用。因为我国使用的是象形文字与外国文字是完全不同的。我国的汉字大部分属于表意文字（部分为假借字和象形字），是一种图形符号，与拼音文字不同，汉字可能一个字就代表一个独立的词语，并拥有自己的意义，和拼音中字母是完全不同的。而且汉字是结构的，例如上下结构，左右结构，以及汉字是由最基本的笔画组成，与拼音中字母的组合不一样。

中国有着历史悠久的传统文化，而且每个民族也有自己独特的文字和语言，不同的地方也有着不同的汉字文化。所以，想要实现言语测量的统一化要比国外困难许多。因此，在编写言语测量时，需要考虑文化、习俗等因素，并且把这些因素纳入到测量方法中，否则会影响测评的真实性。

波士顿诊断性失语症测验

书面语言理解

书　写

口头表达

会话性交谈

听力理解

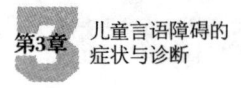

国内言语障碍的测量手段
国内关于言语功能的测定方法

目前国内尚无统一的语言功能评测法。较常用的是由张清丽等编制的失语症汉语评测法。该测验设计的条目框架是以国外通用的波士顿失语症诊断评测法为依据，而测验中选用的具体内容则充分考虑到汉语语言的特点，基本能客观、标准地反映出患者语言的功能状态。

这项评测法以各种量表形式对失语症的语言功能和非语言功能分别进行计分测量。语言功能评测包括：对话；听力理解；言语表达；书写；拼读理解；新闻记者句子和段落；描述书写；听写名字；其中各项又设有许多细目。另外还设立了失语症严重程度分级标准和言语特征分级。非语言功能评测有利于对失语症进行分类，判断病变部位及帮助确定治疗方案。这方面有：结构障碍的检测，计算能力的检测和钟表时间调整。

言语障碍儿童是特殊儿童中人数最多的一类，学龄前儿童的比例则比学龄儿童更高。我国专家近期研究出来的言语障碍实用量表还有两种：一是"汉语言语流畅度诊断测验"；二是"学龄儿童语言学习能力诊断量表"。

量表的测量是有科学性的。量表是测量人类心理或行为的科学工具或方法。它通常是指运用某种道具、试题来引起人们的某种心理和行为的表现，从而测定人们某种心理或行为的特性。它是进行数量化分析和科学推断的前提和手段。所以，在教育和医学领域中运用的各种测验量表，都是经过细致、科学地分析才能编制出来。

量表要投入使用，还必须经过大量人的施测（即建立常模），请专家来评估确定量表的测量的准确性，从而达到使用量表来鉴别出那些可能有语言问题的儿童。此外利用量表还可以描述儿童的语言表现或具体存在的问题。因此，应用量表来判断病情是有科学依据的。

我国的测量方法

- **失语症汉语评测法**

  汪洁、张清丽等：《波士顿诊断性失语症检查汉语版的测验量表——105例患者测验结果的初步总结》，文章刊载在《中国康复理论与实践》1996年第2卷第3期

- **汉语言语流畅度诊断测验**

  徐方：《言语流畅度评价刍论》，文章刊登在《特殊儿童与师资研究》1994年第1期，23—26页

- **学龄儿童语言学习能力诊断量表**

  陈云英、王书荃：《对学前儿童语言学习能力诊断量表的效度评价》，文章刊登在《应用心理学》1995年第1卷第1期，13—19页

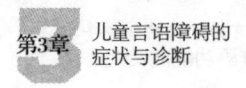

言语障碍的共病问题
言语障碍会伴随其他病症吗

言语障碍还经常会和癫痫、过敏和抽搐等其他疾病并存。对伴随有癫痫和抽搐的言语障碍儿童来说，如果在进行指导的过程中，没有对这些症状加以治疗，那么在学习方面的指导就很难取得好的效果。

癫痫是一种慢性脑疾患，它是由于大脑的异常放电所引起的症状，儿童的癫痫有一些特点，和一般的成年人表现不同。在病因上，儿童癫痫大多数是由于遗传性因素所引起的原发性癫痫。这类癫痫愈后较好，而且治疗容易。另外，儿童癫痫的类型比较复杂，类型较成年人更多一些，比如说失神癫痫、小儿良性中央回癫痫等，通常发病在儿童期，成年以后就缓解了。癫痫在临床上的症状主要是反复抽搐。有的孩子不发生抽搐，表现为单纯的意识改变，比如说突然间犯愣，有的病人写字的时候突然手不听使唤等情况。还有人犯病时出现了性格的改变如精神恍惚等，少数人还有类似于夜惊、梦游等睡眠障碍的表现。

抽搐症状是发生在幼儿小时候一种比较少见的病症，随着年龄的增长也往往不药而愈。这种抽搐症有时突然发生，并且时常反复。这种病症的发生通常用精神分析的观点加以解释，认为在儿童小的时候发生过某些在他们心中产生巨大恐惧的事情，因此导致他们以后对类似情景产生抽搐等生理反应。主要症状有声音抽搐和运动抽搐两种。声音抽搐是指一旦抽搐发生，儿童口中就会不停地发出单音、杂音或某些脏话（侮辱性语言）等，其中不停咳嗽的人数最多。抽搐反应为咳嗽的儿童，他们的症状不易被周围人注意。但是说脏话的儿童就会引来周围人的反感，对他的社会交往有着不良影响。运动抽搐是指抽搐一旦发生，就会有眨眼、蹙眉，肩部、手脚颤动等情况。其中眨眼对日常生活的影响较小，不易被周围人发现。手部抽搐的儿童会对学习造成很大影响。

家长一旦发现孩子表现出这两种病症，不要过于担心，到专业性的医疗机构配合以药物治疗是很容易治愈的。如果孩子本身为言语障碍儿童，且同时患有其他病症，一定要遵循医嘱，综合考虑各个病症治疗方式的差异，从而达到治愈的目的。

言语障碍的共病问题

言语障碍常会和其他疾病并存

癫痫症

声音抽搐症

运动抽搐症

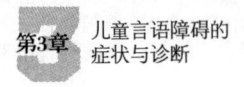

第3章 儿童言语障碍的症状与诊断

言语障碍的一种常见形式——口吃

口吃是言语障碍吗

口吃俗称结巴，是儿童常见的一种语言障碍，是一种言语节奏的紊乱，即在说话时缺少流利性，会造成他们不由自主的声音重复、延长或中断以及无法清晰表达自己的意思。因为口吃的孩子没有内容表达上的障碍，因此与之前的言语表达障碍有所区别。

目前根据美国的统计数字，在学龄儿童中，口吃的患病率为1%～2%，男孩比女孩多2～4倍，有一半的口吃起病于5岁前。那么孩子为什么会患有口吃呢？传统的观点认为口吃主要与心理行为因素相关。这些引起口吃的原因主要有两大类：一类为特殊行为经历，即儿童模仿口吃患者。模仿的情况在幼儿园和小学阶段多见。其中有些人看见口吃患者说话时很好笑，于是就模仿他们说话的样子，久而久之，自己也患上了口吃，这种情况称为有意模仿。还有一种情况是常年与口吃患者一起生活或玩耍，时间长了也会不知不觉染上了口吃的毛病，这是无意模仿。另一类为特殊场景经历。在经历特殊场景时，儿童在心理上受到刺激而导致口吃行为。其中心理影响如下：受辱，可能是儿童在一定的场合，精神上受到了伤害从而导致了口吃的发生，比如老师当众批评、家长对其教育时采取恐吓的手段；惊吓，儿童在偶然的情况下遇到险情，受了恐吓从而导致口吃的发生，如一次重大的灾害就会导致一些孩子患上口吃；惊喜，可能是儿童遇到非常高兴的事情，由于过分激动也会引起口吃的发生。

口吃的孩子与言语障碍儿童一样在人际关系发展中有着各种困难。由于自身的缺陷，他们相对敏感、易怒，很容易与其他小朋友产生冲突。入学后，孩子需要言语表达的事物增多，从而口吃的行为表现越来越明显，为了避免大家的长期嘲笑，他们会选择独来独往，也不会主动发言提问。日久酿成孤僻、退缩、羞怯、自卑等性格特征。但是口吃的孩子智力都没有问题，有的甚至比其他的孩子要高。

因此，要治疗孩子的口吃先要想办法减少孩子的心理压力，保持良好的心理状态。当孩子说话结巴时，家长不要大声训斥，更不要嘲笑，要善于诱导，不可操之过急，要知道，在这种情况下，耐心是最为重要的。

口吃的原因

家长恐吓

有意模仿

惊　吓

无意模仿

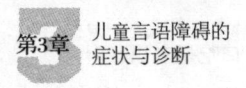

专栏三

儿童言语障碍的简易诊断[1]

儿童言语障碍主要表现在以下几个方面：

（1）说话障碍。可以从下面几个侧面来诊断儿童是否有言语障碍。儿童言语有较多的发音不准的现象。言语发音或高或低、时高时低、过高过低。说话过慢、结巴等。

（2）语句障碍。可以从下面几个方面来诊断学前儿童是否有语句障碍。儿童的言语概括水平低，将词语仅与单一的客体联系。儿童组合的新句子较少或不能组成新句子，只能模仿成人现成的句子，或他所组合的句子经常有明显的语法错误。

（3）言语交往障碍。如果此时儿童见到他人时从不发言，或说出一些很难使人理解的句子，或常说出不合语法、逻辑的语句（平时可能很正常）等都表明儿童可能有言语交往障碍。

具备下列情况之一者，说明儿童可能有言语问题

在 2 岁时，孩子还不会说话；3 岁后还不大会动脑子说话；到 3 岁时还不能说完整的句子；1 岁以后儿童没有清楚发音；18 个月以后，还有许多互不连贯使人难辨的语音出现；在 5 岁以后，还用很简单的发音代替较复杂的发音；7 岁以前，他们的词汇量有减少的趋势；5 岁后，词尾经常性的降调；5 岁后，句子结构经常性地出现错误；他的言语经常使他发窘，使他烦恼；5 岁后还有明显的结巴；7 岁后，儿童经常扭曲、省略、取代许多发音；发音单调、发音很高；发出的声音别人听不见等；发出声音的高低程度、特色和他们的年龄、性别不协调；有过强的鼻音或没有鼻音；语句混淆；前后颠倒，有时呈电报语言；5 岁以后说话速度过慢。

家长和老师一定要对孩子的言语等各种能力的发展密切关注，这样才能达到早发现、早治疗、早恢复的目的。

---

[1] 郑希材.学前儿童言语障碍的早期诊断及成因[J].心理发展与教育，1992，（1）.

第4章
如何帮助言语障碍儿童

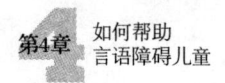

第4章 如何帮助言语障碍儿童

家庭氛围对言语障碍儿童的帮助
家长要理解言语障碍儿童

家庭氛围对儿童的个性形成有很大的影响。因此，家长在与孩子相处时要时刻注意自己的言行举止，在潜移默化中为孩子树立榜样。当家长发现孩子有言语障碍时，不能过激或放弃，而是给予孩子理解，并在精神上做好与孩子长期共同奋斗的准备。

注意和了解孩子

越早发现孩子的缺陷，就可以尽早到专业机构或医院进行咨询和诊断，得到及时援助，有利于儿童的成长。言语障碍的症状表现并不明显，不像智力障碍影响幼儿各个方面的发展，所以对言语障碍的诊断是十分困难的。由于幼儿处在一个高速发展的阶段，随着年龄的增长，很可能改变这种障碍状态。因此，家长一定要准确地了解孩子的长处与短处，把握孩子的发展特性，在这个基础上对孩子的障碍加以援助。

家长的精神准备

家长从发现孩子的障碍到逐步接纳是一段复杂的心理历程。一开始家长的表现通常是疑念和混乱，到后来的逐渐接受。言语障碍的儿童在乳儿期不会有明显障碍表现，养育上也不会比其他儿童更为麻烦，是比较正常的发展状态。在幼儿期父母一般会发现某些异常，这时有些父母会反思自己的教育方法问题，有些父母会责怪孩子，因为没有明确的病因，即使一直担心孩子情况，也会否认孩子障碍的事实，陷入迷茫混乱的情绪中。在儿童家长备受打击后逐渐接受诊断结果，确定了不是培养方法或孩子努力的问题，这时迷茫的心才安定下来。在这时，家长不仅要给孩子树立信心，同时家长也不能失去信心，与孩子一同克服困难。

用心照顾孩子

明确了孩子的具体情况，家长可以设法提高孩子在障碍方面的发展速度。言语障碍儿童即使拼命学习，也总是得不到好成绩，因此，他们成功的体验很少，会缺乏自信。在家庭中，创造成功体验情景是很有必要的，创造孩子喜欢的游戏环境，或对孩子做得好的地方给予鼓励和表扬，以增加孩子的自信。另外，当孩子注意到自己和别人不同时，家长有必要向孩子解释每个人都是不同的，障碍和困难只不过是孩子身上的一小部分，只要努力就可以弥补。

综上所述，家长需要在尊重孩子自尊心的前提下，和孩子一起面对困难，迎接挑战！

家庭氛围很重要

与孩子一起克服困难

鼓励和表扬可以增加孩子的自信

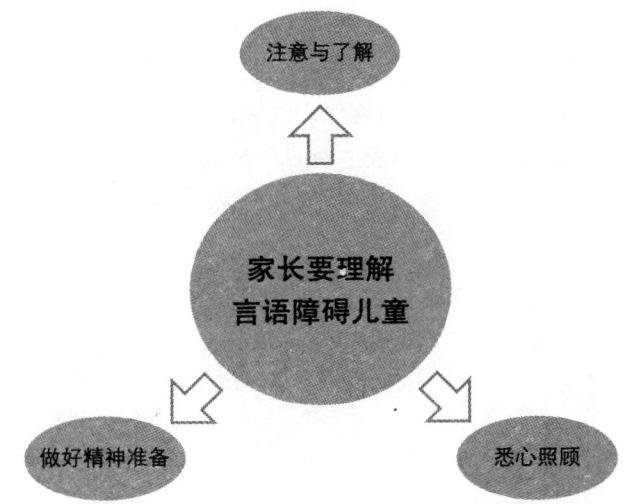

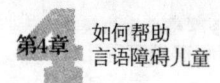

第4章 如何帮助言语障碍儿童

家长态度对言语障碍儿童的帮助
家长的态度很重要

言语障碍儿童相比其他正常儿童,心理相对敏感脆弱并伴有自卑倾向。因此,家长要更加注意自己的态度,家长不安、焦虑、灰心丧气等负面情绪,会对儿童造成不良的影响。言语障碍儿童自身的缺陷已经是客观存在的事实,家长一定要理性的认识这一点。那么家长采取怎样的表达方式才可以更好地激励言语障碍儿童呢?

第一,鼓励不可少。这里的鼓励并不是"坚持""终有一天会成功的"这种类型,而是"妈妈相信你,我们一步一步来,你看,你已经会发p的音,那么我们下来学习b音好不好,先跟着妈妈读几遍",即对孩子做出的努力给予肯定和鼓励,并循序渐进,进一步指导孩子,认同他们的努力和进步,此时的孩子可能在想:我做到了,妈妈表扬我了!我要继续加油!言语障碍儿童自身就会跟着妈妈的步伐走,不会迷茫和自卑。第二,家长在表达自己的想法时要有耐心并用简单易懂的词汇代替生涩的难词。有一部分的言语障碍儿童对话语的理解有问题,那么在和他们交流时,尽量叙述慢一点,让他们听明白家长讲的是什么,避免成语、生僻词的使用,多使用口语化的语言。

作为家长,与其一直烦恼"为什么会这样",不如认真想一想你应该怎么做。例如,小学入学对每个儿童来讲都是一件大事,特别是言语障碍儿童入学的压力会更大一些。在孩子入学以前家长要让他们了解学校,告诉他们学校中的具体情况,他们知道得越多,不安的情绪就越少。在看待言语障碍儿童学习方面,家长要注意,您的孩子学习不好,不是因为他们本身不努力,所以就算再三强调"好好学习"也不会有好的效果。要在方法上下功夫,找到言语障碍儿童可接受的教育方法,只要方法对了,相信孩子的不良状况会慢慢改善的。

家长还可以找到相似情况的儿童家长,彼此相互交流,互通信息,可以增强父母对言语障碍儿童战胜困难的信心。总而言之,只有家长有正确的态度,才可以引导言语障碍儿童更好地发展。

要使用正确的教育方法

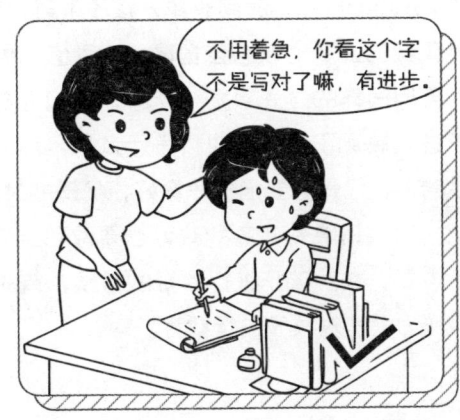

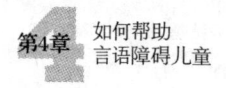

第4章 如何帮助言语障碍儿童

父母言行对言语障碍儿童的帮助

父母要言行一致

在家庭中，对儿童的教育父母言行要一致，这包含两层含义：

一是父亲和母亲的教育观点要相同，不能父亲说一样，母亲又说一样。而且不只是父母，家庭中所有参与儿童教育成员的教育观点都要一致。最好不要发生下面这种情况，有时爸爸管孩子，妈妈护着："不要太严了，他还小呢。"有时父母教孩子，奶奶会站出来说："你们不能要求太急，他大了自然会好；你们小的时候，还没有他好呢！"这样的孩子当然是"教不了"，因为他全无是非观念，而且时时有"保护伞"和"避难所"，其后果很容易导致孩子性格扭曲，有时还会造成家庭不睦。

二是父母的言语和行为要一致。父母是孩子的第一任老师，父母的言行举止、待人接物、生活方式影响着孩子的思想、行为。父母言行一致，不在孩子面前失信，孩子受其影响才能健康的成长。反之，就会产生负面影响，孩子会逐渐养成言而无信，言行不一的处事风格。父母言行不一致，还会使自己在孩子心目中威信扫地。例如，有的家长是先给孩子许诺要是这次考试拿了90分以上就带他去游乐场玩，而当孩子通过努力做到时，父母又会说你们班这次那么多同学拿了100分呢，什么时候你也拿到100分咱们再去，时间长了，孩子不再相信父母，在他们眼里，父母是言行不一、说话不算数的人。他们也会觉得，不管怎么做都达不到父母的要求，努力也是白费。等父母再用同样的方式激励孩子时，他们已然成了"放羊的孩子"。以后也就很难再对孩子进行教育了。你希望孩子什么样，那么你自己要首先做到这样。当然这不是一件容易的事，但是若要把孩子教好，父母的付出不只是精力还需要心力。

对言语障碍儿童的教育也要做到上述两点，而且掌握关于言语障碍的相关知识至关重要，在对孩子进行教育的时候，首先想到自己的孩子是与其他孩子不同的，以这个作为前提对孩子进行教育。

父母言行一致，孩子才能健康成长

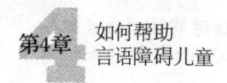

第4章 如何帮助言语障碍儿童

言语障碍儿童的家庭教育方法

家庭教育如何帮助言语障碍儿童

　　家庭对孩子来说是最初的社会，孩子的社会性最早是在和家人的交流中逐渐习得的。孩子在言语方面的缺陷如果在入学以前就发现，那么对他们的教育应该付出更多的关心，而且这种关心，不只限于儿童的学习上。在日常生活中儿童观察并体验着各种各样的事情，他们对事情有着自己的理解，在经历的过程中儿童自己的社会性也得到发展。但是这种发展到底是好是坏，要看父母的教育态度和方法。父母对儿童的教育，无论是表扬还是批评，都要掌握一个"度"，太强或是太弱都会不利于儿童的社会性发展。

　　过于严厉是家长对儿童的过度控制，会让孩子感到挫折感和无力感。对儿童的要求过高，对他们所做的事情总是以批评的视角来观察，会使儿童感到对环境难以控制，于是要么消极、被动，不思进取，要么就是反抗、报复，故意用破坏性的方式发泄自己的力量和不满，以此想得到家长更多的关注和关心。这样的孩子在成长的过程中容易缺乏自尊心、自信心和自我成就感。此时家长要耐心指导，批评与鼓励兼施。

　　如果父母亲对孩子过于顺从，则又会产生另一类的问题。孩子会逐渐认识到父母的软弱，从而产生一种不安全感；并且这种孩子也会表现出讲究物质享受、浪费金钱和不考虑他人的行为，并且毫无忍耐和吃苦的精神。在中国，由于家长的溺爱，有许多三四岁的孩子还要喂饭，不会穿衣，五六岁的孩子还不会做一般的家务，体会不到劳动带来的快乐与价值。这样溺爱下去，会使孩子失去乐于动手的积极性，不能自我控制，不利于责任心的养成。

　　中国人讲究中庸之道，在严厉与随意之间的确存在一个中间点，它既能让孩子觉得安全，同时又能让孩子展现和认识自己的力量。这个中间点就是要在家庭生活中，父母充分认识自己认识孩子给予孩子温和而又坚定的合理限制。这就是为什么在教育孩子的过程中，家长的教育方法和水平决定着孩子终生的幸福。

言语障碍儿童的家庭教育方法
家庭教育如何帮助言语障碍儿童

是表扬还是批评，都要掌握"度"

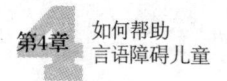

家庭教育培养儿童言语能力
从小培养孩子的语言能力

儿童语言的发展包括两个方面：一是对语言的理解；二是主动说出的语言。孩子往往是先理解语言，然后才会说话。但是，孩子并不是生下来语言就能自然而然地发展的，从小和狼一起长大的狼孩子，7岁时也只会嚎叫，而且语言很难再发展；从小生长在无人关注的环境中的孩子，语言能力也很贫乏。心理学家研究发现，0~7岁是孩子语言发展的关键期，这一时期如没有及时的刺激和训练，最容易产生语言障碍，影响将来的心理发展。

在1岁以内，语言训练应着重于主动对孩子说话，即使是1~3个月的婴儿，也会对声音产生听觉反应，他们能辨别声音的来源，会咿呀发声，能辨别讲话人的感情等。0~3岁时的语言潜能开发是人类一生智力发展的基础和关键时期，而亲子阅读是语言开发最有效最轻松的方法，还可以多给孩子听丰富多彩的声音，包括音乐、儿歌、故事、自然界的各种声音等。不要给孩子限定一个非常安静的环境，也不能只给孩子单调的声音刺激。所以，家长要以身作则，与孩子用普通话交流，平时和孩子谈论一些符合孩子语言特点的、孩子比较感兴趣的话题，并且多带孩子到大自然中去感受新鲜刺激。

孩子会说话以后，家长不要只满足于教他们认字、背诗等，应注意训练孩子的平衡能力和本体感。因为平衡能力差的孩子，语言组织能力也较差，虽然话多，但大多说话无条理。本体感差的孩子，动作拖拉、笨拙，大脑对声带、舌头、嘴唇等肌肉控制不良，容易造成思维快于语言，而形成大舌头、口齿不清、口吃等。有些言语障碍是由于智力障碍造成的，如说话晚、发音不清、不能理解别人说话等，这就需要在专家的指导下进行智能训练和开发。儿童孤独症造成的不说话、不与别人沟通等言语障碍，则需要特殊的心理训练来矫正，机械地训练孩子说话并不能解决根本问题。此外，家长也应注意用规范的语言来与幼儿进行日常的交谈。

因此，家长要对孩子从小进行语言能力的培养，促进孩子的言语发展，并及时发现言语障碍儿童的症状及行为表现，以便更早地及时进行治疗和恢复。

从小培养孩子的语言能力

主动与孩子说话

亲子阅读

用普通话交流

陪孩子听音乐

第4章 如何帮助言语障碍儿童

社交技能对言语障碍儿童的帮助

家长要注重培养言语障碍儿童的社交技能

　　社会技能是儿童在未来生活中建立良好人际关系所必需的生活技能。父母应该时刻关注孩子社交活动的能力水平，注意他与其他孩子接触时相互融洽的程度。以前人们总是认为社交技能是在日常生活中自然而然学会的，没有专门传授的必要。但在言语障碍儿童身上，却时常表现出社交技能的缺陷。因此，需要对他们的行为加以指导与帮助。

　　儿童社交最主要的学习途径来自对现实生活的模仿。他们最初模仿的对象是父母，模仿他们的语言、行动与情绪等。其次是同伴，他企图用这种方式得到同伴认同。儿童并不模仿所有的人，而是模仿和他亲密或是所敬重的人，想与之一致。例如，大多数儿童会模仿与之性别相同的双亲之一的语言和行为，因为他发现这样做会得到他人的赞同和认可，并在长大后形成自己的兴趣和价值观念等。因此，家长要在儿童面前表现出良好的社交礼貌，才能成为孩子学习的典范。

　　对言语障碍儿童社交技能的培养，可以通过很多方式来完成。角色扮演是其中一个主要方式，通过设计一个现实生活中实际的社交情景，让需要辅导的儿童在其中扮演一个角色，以增进人们对他社会角色和自身角色的理解，孩子在扮演的过程中尝试和体验新的行为模式，增加了对角色的模仿和学习。此外，还可以让孩子参加一个需要人相互接触的活动小组，如参加体育活动班或其他集体性项目的活动班，帮助孩子多多体验，多多认识新朋友。每个孩子都希望被关注，多花些时间和孩子面对面地交流，因为在孩子的世界中，与父母的交流使孩子有更大的安全感。父母要仔细观察孩子课内外社交情况，并对孩子的每一个"成就"加以赞美。全方位的寻找孩子身上的闪光点，点燃孩子自信的种子和努力的希望，培养孩子乐于和其他人交流与认识的勇气，长期下来你的孩子一定十分喜欢与你分享他每天的生活趣事。有些家长总是很忙认为没有时间和孩子交流，其实，在接送孩子的路上就是一个好的机会，不要让你和孩子在并行的过程中保持沉默，珍惜每一个与孩子相处的机会。

社交技能对言语障碍儿童的帮助
家长要注重培养言语障碍儿童的社交技能

一切从模仿开始

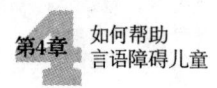

第4章 如何帮助言语障碍儿童

家长的平等交流对言语障碍儿童的帮助

父母和孩子间要平等交流

父母和孩子的许多隔阂,都源于缺乏平等交流。平等交流是双方在平等的基础上,在交流过程中力求相互了解、相互尊重,不把自己的意愿强加给对方的和谐交流。家长不应只根据孩子某些方面的能力对他们进行片面评价,因为你的评价直接会影响你和孩子的相处模式和教育方式。

儿童都是敏感而善于模仿的,他能根据你的态度,来决定他对别人或是自己的态度,这一点在言语障碍的儿童身上表现得十分明显。比如,一个言语障碍儿童他的语言表达能力很差,那么大人们可能有两种做法:一种是对这个儿童投以更多的关注,总是和他说话,过于关心他的学习与生活等。这样就会使其他的小朋友产生大人很"偏向"这样的想法。这样其他小朋友就会产生不平等的想法,进而通过闹脾气来发泄不满;也可能对那个受关注的言语障碍儿童产生排斥。

大人对待言语障碍儿童的另一种做法可能是认为这样的儿童即使帮助了也是白费力气,因此,忽视言语障碍儿童,对他们的话语和行为不理不睬。这样儿童就会有一种被抛弃的感觉,会使他更加封闭而不愿与他人进行交流,从而使他的言语发展受到更大的阻碍。其他的儿童发现这样的情况,可能学习大人同样忽视他,不和他说话或游戏,这会再次使言语障碍儿童受到伤害,而且不利于他社会性的发展。

综上所述,大人们不要以能力对儿童加以区分,言语障碍儿童有缺陷已是事实。每个人都既有优点又有缺点,我们应该教育正常儿童学会正确对待自己与他人的短处,严于律己,宽以待人。在这里大人需要做的只是给孩子们创造一个愉快平等的交流空间,他们之间可能会有摩擦,但这也是磨合友谊、培养独立解决问题的好时机。在沟通的时候,要掌握孩子的心理脉搏,分析孩子的现状、动机及性格,在此基础上多鼓励孩子养成独立的生活能力以及良好的社会适应能力。与孩子心平气和、相互尊重的沟通,以朋友的口气和他们对话,这样更有利于与孩子进行心灵的沟通。

父母对待言语障碍儿童的方式

过分关注

平等交流

不理不睬

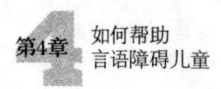

第4章 如何帮助言语障碍儿童

家长对不同年龄阶段的言语障碍儿童的支持

给予孩子符合年龄的支持

对于言语障碍儿童来说,他们的需要在各个年龄阶段有所不同,因此家长要根据孩子的成长特点予以不同的支持,这样才可以在言语障碍儿童的不同年龄阶段满足不同的需求,更好地促进他们健康的发展。

幼儿时期的言语障碍儿童,特别是病情较轻或是拼写障碍者,在入学以前一般很难发现。但是如果家长多对儿童的言行举止进行关注,还是可以发现他们与其他孩子的不同之处。发现的越早,就可以越早加以治疗,治疗的效果也就可以越好。在幼儿时期,父母应该多和言语障碍儿童接触,给予孩子抚慰,这样可以使儿童拥有安全感和自信心,而不是因为他们的缺陷,对他们漠不关心。

刚上小学的时候,言语障碍儿童面临着接受和适应新环境的压力,所以不要对他们有过于严厉的要求,他们需要的是一个平缓的过渡时期。言语障碍儿童对新知识、新环境的接受能力较差,父母在这方面一定要耐心的加以辅导。因此,家长可能要付出更多的努力与耐心,给予他们更多的陪伴与呵护,帮助他们健康快乐成长。不积跬步,无以至千里;不积小流,无以成江海。同样教育也不是一蹴而就的,只有一步一个脚印脚踏实地的前进,才能带给儿童更为灿烂的明天。

父母要经常和儿童进行交流,如果儿童在生活中遇到问题,即使是很小的问题,也要和他进行沟通,帮助他解决疑惑。孩子有问题的时候不一定会告诉家长,但是心理上的问题一定会在平时的行为和情绪中表现出来,只要家长认真观察,就可以尽早了解儿童行为背后的原因,并给他以帮助。在学习上,不要让儿童过于依赖家长,家长的任务是鼓励引导孩子学习,帮助他们掌握课程知识,而不是代替他们学习。

综上所述,家长需要在孩子的不同年龄阶段给予不同的鼓励与交流,培养言语障碍儿童的自我解决问题能力,帮助他们一步一步成长。在言语障碍儿童不同年龄阶段进行不同的教育发展支持,以促进言语障碍儿童的恢复与发展。

家长对不同年龄阶段的言语障碍儿童的支持
给予孩子符合年龄的支持

对幼儿时期的言语障碍儿童，
家长要多关注他们的行为，
及早发现问题

对小学时期的言语障碍儿童，
家长不要过于严厉，
帮忙实现过渡阶段

家长需要在孩子的不同年龄阶段给予不同的帮助

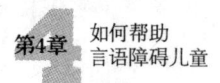

第4章 如何帮助言语障碍儿童

家庭赏识教育对言语障碍儿童成长发展的促进

你对孩子的赏识有几分

无论是谁在努力过后，反而遭到别人的批评时，都不会感到快乐。言语障碍儿童由于自身的缺陷经常被他人误解，因此他们很容易对学习产生厌烦感。虽说失败是成功之母，但太多次失败，如果还得不到周围人的安慰，这会使学生丧失学习的信心，失去学习的动力，产生习得性无力感（个人经历了多次失败和挫折后，面临问题产生无能为力的感觉）。产生习得性无力感的儿童，他们常常会给自己施加负性评价，在任务面前失去信心，时常胆怯，裹足不前。

言语障碍儿童同样需要获得成功，得到周围人的认同。只有这样才是一个良性循环的开始。因此，无论是多么小的事情，都可以作为一个任务，以达成任务为目标，对孩子的行为加以具体的指导。儿童一旦成功地完成目标，再加以父母的适时表扬，得到父母的认同，就会产生成功的喜悦，获得自我成就感。

"赏识教育"是一种教育理念。赏识教育是生命的教育，是爱的教育，赏识的本质是让每个孩子找到好孩子的感觉，赏识的目标是让每个孩子享受自信的快乐。很多家长都无视孩子的进步，仅仅因为孩子没有达到自己心目中理想的标准，就全盘抹杀孩子的成绩，这是对孩子的一种伤害。家长应该珍视孩子的努力，看到孩子的进步，尤其是在孩子表现不好或者成效不明显的时候，不要打击孩子的信心和积极性，家长要做的是帮助他们找到失败的原因，加以正确的指导。这能使孩子建立起把事情做好的勇气和信心。赏识教育对言语障碍儿童尤为重要，因为言语障碍儿童很多学习的事情做不好，很少受到表扬。因此，家长在言语障碍儿童学习上取得进步时，即使很小，也应该给予他们鼓励和支持，让他们感受到你们的关爱。

但赏识也存在误区，家长在赏识孩子的时候，只能赏识孩子的努力，而不应该赏识孩子的聪明与漂亮。因为聪明与漂亮是先天的优势，而不是值得炫耀的资本。如果你夸奖小孩子漂亮、聪明，他就会认为这是他的本领，是值得骄傲的资本，这就容易给他造成误区。赏识教育是激发孩子内在的潜力，把快乐还给孩子，让孩子学会自己走路。

"赏识教育"理念

赏识教育是生命的教育,是爱的教育,赏识的本质是让每个孩子找到好孩子的感觉,赏识的目标是让每个孩子享受自信的快乐。

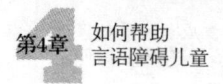
第4章 如何帮助言语障碍儿童

表扬和批评对言语障碍儿童的帮助
如何恰当地表扬和批评孩子

表扬或批评孩子的方式既是一种手段也是一门艺术。急风暴雨式的批评往往会引起孩子强烈的反抗情绪，而耐心细致的说服教育或是表扬艺术，则能启发孩子的觉悟，使孩子主动承认错误。如果家长的方法得当，就会更有效果，对言语障碍的孩子更要掌握方法。那么怎样表扬或批评孩子才能收到良好的教育效果呢？家长应注意做到以下几点：

（1）**表扬或批评要及时** 及时的表扬（批评）犹如生病及时服药一样，对年幼的孩子会产生很大的作用，一旦发现孩子有好的行为，就应及时表扬，这样他们才能建立起好行为和表扬的因果关系。当然批评也是一样，对在听觉上有言语障碍的孩子，你对他的表扬（批评）有时他会注意不到，这时你可以用一些肢体语言引起他们的注意。

（2）**表扬或批评要具体** 表扬得越具体越好，孩子就明白哪些行为是好的，越容易找到努力的方向。如孩子把玩过的玩具整理好后，我们若说："你真是个好孩子！"这样孩子，尤其是言语障碍儿童中有听力障碍的孩子就可能弄不清父母是表扬他玩具收拾得好，还是赞扬他不再玩玩具了。而父母若说："你把玩具收拾得这么好，我真高兴。"这样孩子就会明白这种行为是好的，以后还要这样做。逐渐形成良好的生活习惯。要针对孩子对某一件事付出的努力，取得的效果进行表扬，而不要针对孩子的性格和本人。

（3）**尽量避免当众表扬或批评孩子** 许多父母都喜欢当众表扬孩子，对孩子的某些特长，甚至让孩子当众"表演"，认为这样做可以增强孩子的自信心，其实这样夸奖很容易造成孩子爱虚荣、骄傲自满的倾向。一些被当众夸惯了的孩子，有一点好的表现没被注意到，就会感到委屈，甚至有的孩子为了夸奖而弄虚作假，这样对孩子的成长非常不利。批评也是，如果当众批评无疑会伤害孩子的自尊心，很容易让他们产生自卑心理。

（4）**表扬或批评的方法要根据年龄差异对待** 对年龄小的孩子，在表扬时最好要给予糖果等实物奖励。对年龄更大一点的可以通过发给他们累积积分卡的形式，让他们自己选择奖品。

表扬或批评的方式要注意

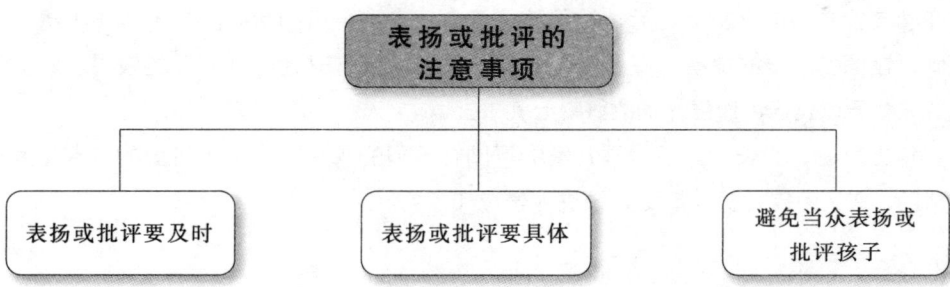

第4章 如何帮助言语障碍儿童

家庭教育对言语障碍儿童的帮助

家长可以给言语障碍儿童哪些帮助

生活方面

在家庭中，孩子主要学习的是基本生活习惯的养成。首先，不要让孩子把所有时间都花在学习上，平时也要让他们整理自己的东西、管理自己的零花钱、培养孩子的自理能力。这种从幼儿时期开始的培养对他们以后在社会上独立生存是十分重要的。其次，让孩子帮忙做家事也是十分重要的。洗毛巾、洗餐具、扫地等日常的家务活动都要让孩子参与。最初家长要和孩子一起来完成，渐渐地减少对孩子的帮助，直到孩子可以独立完成。父母在指导孩子做家务的方法时，一定要适时给予他们赞美和肯定。增强孩子做事情的信心，使他们在愉快的氛围中学习。

行动方面

在行动方面，那些只拘泥于自己的想法、有强迫观念的儿童在人际关系上总会出现困难，得不到周围人的理解。这样的儿童不只在学校生活中，进入社会以后也会出现种种的问题和矛盾。孩子对没有经验的事情，只是用自己的头脑去判断，由于他们的智力发展没有到达一定的水平，很难对事情做出正确的判断和处理。家长应该一边发展他们的个性，一边使他们的行为更加适应社会，掌握处理人际关系的方法。家长有必要让孩子体验各种生活中的情况，掌握对这些情况的处理方法，调整自己的行为，掌控自己的情绪等。

学习方面

言语障碍儿童一般智力的发展并没有延迟。只是在视觉、听觉等认知特性以及注意力集中方面有着特有的困难，因此可能在不同领域内有着自己的缺陷。所以，家长要和学校的老师进行交流之后，给予孩子符合他自身特点的帮助。对于孩子不擅长的领域，让他们小步的提高。不要过于勉强孩子，这样有时会得到相反的效果。对他们小的成功予以表扬，增强他们的好奇心和求知欲。

综上所述，家长对言语障碍儿童的帮助在他们的成长中是必不可少的。有了家长的帮助，言语障碍儿童才能更好地进入学校和社会。

家人可以从以下几方面帮助言语障碍儿童

生活方面

行动方面

学习方面

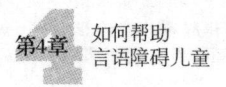

第4章 如何帮助言语障碍儿童

良好的习惯对言语障碍儿童的帮助

家长如何帮助孩子养成好习惯

习惯的力量是巨大的,人一旦养成一种习惯,就会不自觉地在这个轨道上运行,如果是好习惯将会终身受益,入学以前是儿童养成良好行为习惯的关键时期,这时的儿童可塑性强、爱模仿、爱探索,但自控能力较差。许多家长现在只注意儿童智力的开发和特殊技能的培养,让孩子上各种兴趣班,却忽视家庭教育中道德教育和行为习惯的培养。尤其在对待言语障碍儿童时,可能会认为他是有缺陷的,这些都不应该要求他。但是养成良好的行为习惯可以使儿童受益终生,因此在儿童的培养上应该注意以下几点:

从日常琐事抓起 良好的行为习惯不是天生就有的,而是在长期的生活里逐渐形成的,它贯穿于孩子一日生活的各个方面。我们应善于抓住日常生活的各个环节。譬如,良好的卫生习惯是在他饮食、起居等活动中逐渐养成的,文明礼貌习惯是孩子在待人接物的过程中培养的,爱学习的习惯往往是在游戏中形成的,爱劳动的习惯是在自我服务和为他人服务的过程中培育的。正如教育家叶圣陶先生所说的,教育就是习惯的培养。即使是言语障碍儿童,但他们在这些方面是没有缺陷的,培养他们养成良好的习惯,也是为了更好地适应生活和与人交流。

调动孩子的积极性 主动培养孩子良好的行为习惯,就要把孩子本来不自觉的行为,转化为有意识的自觉行动。调动孩子的积极性、主动性,使孩子尽快从"要我做"向"我要做"转化。每个孩子都渴望得到表扬,当他们做对事情的时候,给予适当的表扬和鼓励,这就能成为他们保持这个行为的动力。家长对孩子不良行为如果总是批评、指责,孩子在情感上接受不了,会产生逆反心理,进而产生"破罐子破摔"的想法,甚至做出新的不良行为。因此,我们应该给予温和的矫正,有些不良行为甚至可以忽视。

要持之以恒,不要半途而废 良好的习惯要经过不断重复,反复地实践才能养成。所以要坚持,这样孩子的大脑神经活动才能形成"定型"。这时孩子做起来会感到轻松、自然、舒服、愉快,主动地去做,慢慢形成了习惯。

良好的习惯对言语障碍儿童的帮助
家长如何帮助孩子养成好习惯

目标建设对言语障碍儿童的帮助
家长与儿童一起制定"新目标"

目标是一个人获得动力的源泉。对于很多孩子来说，学习的自我管理能力来自于目标和意志力。很多孩子的学习自我控制能力差，其实是因为学习的目标并不明确。家长帮助孩子制定的目标要符合孩子的实际情况，清楚明确的目标会给儿童指引行为的方向。

对于言语障碍的儿童来说，正常孩子的成长目标对他并不合适。因为在完成目标的时候，他需要比其他孩子付出更多的辛勤与努力。如果长期的努力得不到父母的反馈，就会使儿童失去学习的动力。因此，在目标的具体实施上，除了最终较高的大目标以外，还可以逐级设立子目标。就像是爬山一样，登到山顶是设定的最终目标，把从山脚到山顶的所有路程分为十段，达到每一段路程的终点就是完成其中的一个子目标。当你完成所有子目标的时候，你也就完成了最终目标。家长可以给言语障碍的儿童设立一个较大的目标，例如，对拼写障碍的儿童，可以先让他熟练书写一张卡片的所有生字，然后再设立几个子目标，如第一个子目标是熟练书写卡片中第一排的生字，第二个子目标是熟练书写卡片中的前三排生字……直至熟练书写卡片上所有生字。

家长在设立目标时也不一定只考虑学习的目标，还可以对儿童设立生活自理能力的目标、与人和谐相处的目标，等等。如对有反抗行为的言语障碍儿童来讲，可以设立一个不发脾气或是不与其他小朋友打架的行为目标；还可以设立一个亲子合作活动的目标，在完成目标的过程中，使亲子关系得到进一步发展。而且在对完成目标的评价上，一定不要和其他的小朋友进行比较，这样只能增加言语障碍儿童的压力，如果长期如此，不利于孩子信心和自我成就感的发展。家长可以把孩子昨天的行为和今天的行为进行比较。在比较中可以看到儿童每天通过自身努力后得到的进步。如果孩子自己完成不了，家长可以帮助孩子一起完成，在帮助的过程中，主要是教孩子怎样完成。这样不但可以减轻孩子的压力，也可以使儿童感到自己的努力是有结果的，并没有白费，增强他们做事情的信心。

目标建设对言语障碍儿童的帮助
家长与儿童一起制定"新目标"

目标是一个人获得动力的源泉

家长和孩子一起制定目标

评价时不要和其他孩子比较

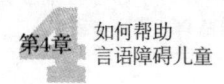

第4章 如何帮助言语障碍儿童

独立对言语障碍儿童的帮助

给孩子自己选择的机会

独立自主是健康人格的表现之一，它对孩子的生活、学习质量以及成年后事业的成功和家庭的幸福都有非常重要的作用。因此，家长应当从小培养孩子独立自主的能力。让他们养成自己的事情自己思考、自己选择的习惯。

家长要把握培养孩子独立自主的关键期——一二岁左右。这个时期的孩子独立意识增强，什么事都要坚持自己做，拒绝别人的帮助。这是孩子心理发展的第一个"执拗期"。家长正好可以因势利导，把握孩子这个时期的心理特点，在保证孩子安全的前提下，放手让孩子去做力所能及的事情，并适时地提供给他适当的帮助、指导和赞美，让孩子享受到成功的快乐。虽然言语障碍儿童在这个时期已经表现出某些症状，但家长还是要学会放手，让孩子自己选择，自己尝试，等遇到问题的时候耐心地进行指引，从而培养儿童的独立能力和心理承受能力。

在培养孩子选择能力的时候，家长还要了解孩子的"特别性"，对这些特别之处，相应地采取特别的教育。当言语障碍儿童遇到自己的强项时，父母可以用更高的标准来要求他；但当遇到言语上的问题时，父母需要鼓励孩子大胆尝试。对于幼儿来说，从无数个选项里做出选择本身就是一件很困难的事情，因此，家长可以考虑给孩子两三个备选项以做参考，让孩子逐步养成会选择的习惯，在此之后，不断扩大被选择的项目数，从而提升他们的选择能力。

孩子经常会在判断选择的时候出现疑问，那么家长应当如何回应呢？首先，家长不能因为孩子在选择时有疑问，就直接替他们做出决定；其次，也不能对孩子的疑问不管不顾，任凭孩子依据自己的喜好做判断。在这个时候家长最好正面回答他们的疑问，同时告诉他们这只是别人的想法，他们可以考虑参考，最后的决定权在他们自己手上。如果家长在生活中一再剥夺孩子的自主选择权，认为自己为孩子安排的路才是通向成功的捷径，那么你的孩子要怎么成长？不要什么事情都说"不"，请留给孩子一个机会。

让孩子自己决定

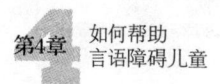

第4章 如何帮助言语障碍儿童

意志力对言语障碍儿童的帮助
有始有终很重要

当孩子要放弃一件自己做了很久的事时，家长一定要和孩子好好地谈一次，听听他们为什么放弃。因为不感兴趣了？因为喜欢上其他东西了？因为总是做不好，没有自信了？还是因为人际关系出现问题了？可能的理由还有很多，但家长必须和孩子坐下来，冷静地、细致地分析其中的原因。

在交谈的过程中，父母和孩子是一种平等的关系。父母不要一味地将自己的想法强加给孩子，而是尊重孩子的想法。不要独断地说一些"这样不行啊""那以前的努力不是白费了"的话。家长在交流的过程中一定要听一听孩子的理由，听一听孩子真正的兴趣在哪里，并按照孩子的兴趣来引导其正确学习。如果孩子实在不感兴趣，那么放弃也没有什么大不了，只要能在谈话中了解到孩子的真正兴趣，找到以后学习的方向就是好的。俗话说得好，兴趣是学习最好的老师，没有兴趣的学习，会给孩子带来很大的心理压力。特别是对言语障碍的孩子来说，挖掘他们的兴趣爱好比克服他们本身的不足会有更大的意义！

现在许多家长都把注意力集中在孩子的缺陷上，对孩子的兴趣和有潜力的方面却视而不见，然而将来带给孩子成功的不是他的缺陷，而是他的长处、潜力。人们一提到爱迪生，最先想到他是一个天才的发明家，谁会注意他曾经是个多动症儿童呢。这可以用心理学的一种"晕轮效应"来解释，当一个人头上顶着大大的光环，那么什么缺点是这个光环掩饰不了的呢。

当然孩子放弃一件事的理由还有很多，如果是遇到小挫折，或者和其他小朋友发生了矛盾，又或者是自身的自律性不强的话，就需要家长采取其他的措施鼓励孩子不要放弃眼前要做的事。

从小事上教育孩子，做什么事都要坚持到底，尽管会遇到很多困难，但是有父母陪伴着你，坚持不懈一定会成功。

意志力对言语障碍儿童的帮助
有始有终很重要

> 小明是一名言语障碍儿童，他喜欢玩具，央求爸妈终于得到一套很贵的乐高玩具，可是买了两天就要把玩具扔掉。

场景1

爸爸：能和爸爸谈谈你的想法吗？为什么要扔掉玩具？

小明：我不喜欢了！

爸爸：为什么不喜欢了？是遇到什么困难了吗？还是有其他喜欢的玩具了？

小明：乐高玩具太难拼了，这个房子我怎么也搭不好。

爸爸：那爸爸和你一起玩，好不好？这个房子的确很难，但是这个玩具当初是你选择的，既然选择了我们就要努力做完，好不好？

小明点头，并在爸爸的指导下，成功拼出了一个房子。两个人击掌，非常开心。

场景2

爸爸：为什么要扔掉那么贵的玩具？

小明：我不喜欢了！

爸爸：说不喜欢就不喜欢，你知道这玩具有多贵吗？不喜欢也不行，必须认真玩。

（小明开始哭……）

爸爸：今天必须把这个房子拼完！

小明边哭边拼，但是怎么也拼不好，爸爸生气地走了。小明再也不玩乐高了。

你认为哪种场景里的爸爸做法更恰当呢？

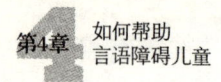

家庭教育对言语障碍儿童的重要性
父母是孩子的第一任老师

让孩子感受到来自父母的爱。为了避免使言语障碍儿童受到二次障碍的困扰,父母需要给予孩子情感支持,让孩子能体会父母对他的关爱,让他们拥有自信感、自我存在感。虽然家长也可以责备孩子或是对孩子严格要求,但在某些场合,你要让他们不断地接收到"你是最可爱的""爸爸妈妈喜欢你,而且最爱你"这样的信息。

与孩子建立相互信任的关系

家长有必要和孩子建立起相互信任的关系,一同努力克服困难。和上面说到的让孩子体验到父母的爱一样,家长也应该让孩子感受到你对他的支持与信赖。和子女信赖关系的建立,是为他们迎接丰富人生的基石。

正确看待孩子的特殊性

孩子的身上都有属于他们自己的特点,有智商特别高的孩子,有注意障碍的孩子,当然也有言语障碍的孩子。每个孩子的发展都有一定的倾向性,言语障碍的儿童只是比其他孩子的倾向性更为突出罢了。家长要在日常生活中更关心孩子不协调的方面,及早发现孩子的特点,并给予适当的处理,这样才能让孩子更好地迎接未来社会的挑战。

不必要求过于严格

在日常生活中,大多数人都有这样的行为倾向,即在学习和生活方面总是关注自己的缺陷,并且拼命地改善自己不擅长的地方,然而有时结果还会事与愿违。如果家长过于追求完美,对孩子要求苛刻,家长和孩子都会承受很大的精神压力,这样也许会适得其反。因此家长最好把精力放在某些重点的事情上,细小的地方就不要过多注意了。

家庭教育对言语障碍儿童的重要性
父母是孩子的第一任老师

家长和孩子建立良好的关系

父母要与言语障碍儿童：
① 建立相互信任的关系
② 正确看待孩子的特殊性
③ 不必要求过于严格

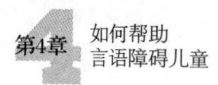

第4章 如何帮助言语障碍儿童

家长如何做好言语障碍儿童的入学准备
入学前准备及网络支持

  对言语障碍儿童的入学要事先做好准备。近年来，国内兴建了许多教育中心和与大学紧密联系的咨询中心，家长可以在孩子入学前向这些专业机构进行咨询，了解当地对有学习障碍的儿童特别帮助机构或服务中心的情况，把孩子安排到有教育言语障碍儿童经验的学校。同时，家长需要通过机构将孩子的具体情况详细地传达给未来班主任，尽量给孩子创造一个合理科学的学习环境。

  教育和咨询中心能够针对不同情况的言语障碍儿童给予检查和专业的指导建议。因此，家长可以定期进行咨询，从知识方面做好功课，如懂得在入学之前向儿童介绍学校是什么样的，怎样与别的小朋友相处，怎样适应学校的学习生活等，为孩子的顺利入校打好坚实的基础。

  随着科技的进步，互联网已经逐渐走进家庭，家长们可以有效地利用网络资源，获取更多的支持和帮助。目前有许多关于学习困难的网站在持续更新相关研究成果，家长可以随时跟进学习相关知识。

  许多网站开设了专家疑难解答专栏，家长可以更便捷地在网络上获得专业的支持，及时了解孩子目前的情况。另外，网络也提供了交流平台，家长可以利用平台互相分享自己的育儿经验、教育方法、提供一些重要的信息资源，如哪里的教育机构或者咨询中心比较好等，还可以利用网络平台上的交流区，与其他家长互相支持鼓励，因为在那里家长有着相似的烦恼，孩子们有着相似的困难。总之，家长们可以在互联网上获得很多你想要的信息，并得到来自更多人的情感支持和帮助。

  最后，家长在孩子入学后也要注意经常与学校保持联系，针对孩子平时在家和学校的情况与班主任老师进行交流，及时了解孩子的状态。

  入学准备对正常儿童来说就是一个挑战，对言语障碍儿童来说更难。尤其是进入小学后有了明确的评价体系，例如，学习成绩、积极参加活动等。因此，家长要帮助障碍儿童一起，全面地做好入学准备。

入学前的准备

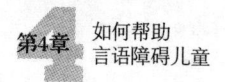

言语障碍儿童的言语训练
让孩子做老师

孩子们喜欢感到自己聪明,那些能够感到自己聪明的孩子往往会成功。孩子们也天生热衷于学习,并喜欢谈论他们学到的知识。如果孩子们在这方面得到满足,他们会学得更多。当你的孩子解释事物时,你给他的最大礼物就是用心倾听。当你认真听的时候,他会感到自己很特别,同时也能教会他如何倾听。当他解释事物时,他就有机会练习如何富有逻辑地组织他的思想,锻炼他们的语言能力,也能因为有机会表达和理解知识而获得自信。试着让孩子当老师,不要想着去打断他纠正错误。如果他对做某事有新的想法,家长不需要做判断,只要聆听就行了。

当没有对错之分或没有贴上"我告诉你是这样"的标签时,学习会变得更加有趣。在孩子学习过程中,要学会做一个参与者,而不是做老师。找到那些他感兴趣的事物,帮助他学得更多一些。围绕你在报纸上读到的或电视上看到的事情向他提问,然后聆听,不要对他的回答判断是非,纠正错误,只是让他开发思路。问一些关于作业的问题,帮助他挖掘学习中的乐趣,帮助他明白学习资料如何能使他获得超越课堂的知识。当有人反对孩子的观点时,教会他在试图解释之前先提出问题。当有人阻挠他的观点时,他的第一本能反应可能是急忙自卫,解释他的立场。通常,这会使反对他的人变本加厉地反对他。此时,你要鼓励他提出疑问,了解他们反对的究竟是什么?一旦他真正听到了别人关心的问题,他在为自己辩护时,就会用更多的证据来说明问题,不是简单地在争论中占上风,而是去解决问题。

培养孩子良好的学习态度,培养他们对知识的渴望。要做到这些,父母不仅仅是养育的角色,更是教育的角色。家长要学会承担教育、培育的责任,培养孩子对科学知识的渴望,让孩子在学习中不断提出问题,并依靠自己寻找答案。总而言之,家长作为教育者的角色定位一定要牢牢地打在灵魂的深处。

给孩子的最大礼物——用心倾听

试着让孩子当老师,不要想着去打断他纠正错误。如果他对做某事有新的想法,家长不需要做判断,只要聆听就行了。

蝙蝠是靠什么在夜里也能避开障碍物的呢?

蝙蝠是靠嘴里发出的超声波,再用耳朵接收声波来避开障碍物的,像雷达一样。

你真厉害!

儿童言语的早期教育
如何教宝宝说话（上）

一般来说，宝宝从9月龄开始获得语义，也就是说已经开始理解大人们说的一些话，父母必须知道，宝宝不会讲并不代表听不懂，他们懂的词要比会说的词多得多，到1岁时，宝宝对言语的理解和表达能力开始互相联系起来。1.5岁之后，语言理解和表达能力达到同步，能说出他们想说的话，表达开始顺畅起来。

月龄小的宝宝一开始是通过"听"来学习说话，他们对音调的理解超过对词的理解，能根据父母说话的语气和音调，知道你是在表扬他还是在批评他。因为音调是有规律可循的，引起宝宝兴趣时，我们的音调常常是上升的，安慰宝宝时，音调是下降的。

良好的亲子互动是宝宝学说话的最优氛围，父母和宝宝互动的品质和频率决定宝宝日后沟通能力的好坏。在对宝宝抚育中，父母是否热情地与宝宝"交谈"在宝宝学说话的过程中起着十分重要的作用。在宝宝还不会说话时，经常使用身体姿势和"咿咿呀呀"的发声相结合来表达某种愿望和需要。这时候，是父母与宝宝互动的好机会，父母可以认真倾听并理解他的"咿咿呀呀"和咕哝，替他说出所想的，这样也能很好地发展宝宝的语言理解能力。除了可以发展宝宝的语言能力外，这也是一种积极地回应，能给予宝宝很大的鼓励，让他更想学习。

丰富的语言输入量是非常必要的，父母可以帮助宝宝进行言语的明确和句子的扩展。较敏感的爸妈为了能更有效地与宝宝"交谈"，都在有意无意地探究与宝宝的反应相匹配的交流手段。比如，当宝宝手指着苹果咿呀时，可以说："噢，这是苹果呀。宝宝想吃呀。"扩展其实是提升宝宝认知的一种很好的方法。扩展时可以用"描述""比较"等方法。"描述"是指描述事物的颜色、形状、大小等，比如可以说："苹果，红色的苹果。""比较"是指比较事情的大小、长短、多少等。通过这些方法都可以让宝宝充分地了解事物的性质，提升宝宝对事物的认知，同时增加词汇量。

用"描述""比较"的方法跟宝宝说话

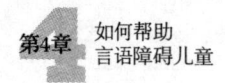

儿童言语的早期教育
如何教宝宝说话（下）

父母在教宝宝说话过程中的作用是不同的。妈妈更倾向使用儿语来和宝宝交流，儿语一般具备较高水平的音韵、较大的音频范围，音调夸张且多样化，经常有单词的重复。一般来说，月龄较小的宝宝比较偏爱具备这些特点的声音，也偏爱自己的照顾者——妈妈的声音。儿语伴随着妈妈的声音，能让宝宝生理和心理的需求都得到满足。如果说妈妈更倾向于以宝宝的发音能力去反应宝宝，那么爸爸的在言语教育中与妈妈的角色不同。爸爸较少使用儿语，会使用更多的词汇，这样能更好地促进宝宝的语言规范。因为长期只接触结构比较简单的儿语是不利于宝宝学习说话的，除了简单的发音、词语意思的理解外，宝宝学说话也要学习语法结构的规则。

其实无论你和宝宝在做些什么，都能激发他的语言发展。为了便于宝宝理解语法规则，要使用简短的句子。但并不是不对宝宝说交代来龙去脉、前因后果的长句子。有时对宝宝说一些长句子，能让宝宝较早学会使用复杂的句子。让孩子先学会说一些简单的名词，然后再慢慢说一些较难的句子，从词语，到短语，再到句子，一步一步来，家长也不要急于求成，这是一个过程，每个步骤都缺一不可。

宝宝身处的语言环境十分重要，语言的材料分布在日常生活中，父母要做的事情就是"花时间"。语言环境的创设并不是刻意的，在日常例行的活动中，就有很多教宝宝学习说话的机会。对宝宝重复相同的话、唱同样的歌、念相同的歌谣，这一切都能在照顾宝宝的过程中自然发生，起到促进宝宝言语发展的作用。比如在教育孩子时，可以重复或者大声强调想要宝宝学习的词语，比如："这是苹果。苹果。苹果。"一个词重复很多遍后，宝宝才能理解并且记忆，最后自己说出这个词。在这个过程中，家长应该注意对孩子说话时一定要说普通话，对于孩子喜欢的叠音叠字，尽量少说。

总之，家长多花一些时间和孩子们交流，孩子们会更爱说话。

爸爸可以促进宝宝语言规范

妈妈的声音更容易和儿童交流

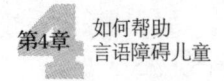

第4章 如何帮助言语障碍儿童

自我认识对言语障碍儿童的帮助
儿童自己应了解自身的情况

对于言语障碍儿童来说，首先要让他们了解自身的问题。例如，有些孩子会计算却不会做应用题，有些孩子心灵手巧却总是丢三落四。每个人都有自身的长处和短处，不好的地方努力下功夫就一定可以变得更好。但是在这之前了解自己的优点、缺点和知道改正自己缺点的方法是十分重要的。但因为儿童的认识能力有限，许多儿童自己没有觉察到的地方，还需要老师和父母进行引导。把孩子不明白的地方交给孩子，怎样做才能使他们更接近成功，在这方面父母要多加考虑。

言语障碍的儿童要清楚地知道，世界上没有两片完全相同的叶子，也没有两个完全相同的人，每一个人的样貌、身高、喜欢的食物等都不是完全相同的。因此，在言语方面与其他孩子不同也是一件很正常的事情，当然有些孩子会因为自己的缺陷而感到苦恼，但缺陷并不是一个人的全部，只不过是其中的一部分。无论是谁都有优点和缺点，扩大自己的优点并努力减少自己的缺点才是最重要的。在生活中我们不要把目光只聚焦在自己的缺点上，更应该看到自己的优点。即使是言语障碍儿童，他也可能是班级中踢球最棒的人；也可能是懂得自然知识最多的人；还可能是最有礼貌的人。不管怎样只要孩子做对了，就应该受到老师和家长的表扬，受到大家的认可。缺点总是存在的，我们应该关注如何改进它而不只是关注它。

言语障碍儿童自身要注意到，即使诊断的名称相同，每个人所表现出来的症状不一定相同。例如，学生A和B同时被诊断为言语障碍，但是A可能表现为在表达方式上的困难，而B可能表现为在书写上的困难。如果想了解自己，首先要询问自己的家人。如果想更深入地了解自己的情况，就需要向专家进行咨询，让专家给自己做一个全面的检查，听听专家的解释，从而更清晰地认识自己，知道自己在哪方面有缺点，今后应该怎样弥补自己的缺点。儿童对自己良好地了解可以让他们更好地认识自我，发扬自己的优点，变得更加自信。

更好地认识自我，发挥自己的长处

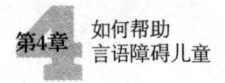

家长如何向孩子解释言语障碍
如何让孩子了解和接受他目前的状况

从小学高年级到初中,言语障碍儿童自身会对自己和周围其他孩子的不同产生疑问。那么对于孩子的疑问,家长应当如何做出解释呢?

当我们对孩子解释他自身的情况时,一定要在他能够理解的范围内,郑重地说出来。对于小学生来说,用脑功能障碍这样的词似乎不能被理解,家长可以把言语障碍解释为一种个性发展上的差别,但不要对孩子说"长大之后再告诉你""其实也没什么"这些话,这样会增加孩子们的不安和不信赖感。另外家长还要清楚地告诉他们,言语障碍不是不能治疗,所以一定不要放弃,你不是做不到,而是需要比别人花更多的时间,只要学习方法得当,同样能做得很好。

言语障碍儿童如果对自身的情况有了充分的了解,就会从不安和迷茫中走出来,接受在自己身上发生的事实,正面地面对病情,积极地采取矫正策略。

解释病情的三个原则:

(1)不要隐瞒

当孩子开始询问你的时候,他们已经感觉到自己与其他孩子不同,如果这时你告诉他"不要想这些了""其实也没什么",只会让他更加的不安,加深他的疑问。他会认为你的隐瞒是因为他的情况十分严重,而且还会导致他对你的不信任。

(2)根据孩子的理解力进行解释

一方面,孩子们对自身产生疑问的年龄段不同,另一方面,由于脑损伤的位置和程度不同,每个孩子的具体情况也不尽相同。所以家长的解释要具体情况具体分析,比如对年龄比较小的孩子解释要倾向于外在的表现,对于年龄稍大一点的孩子就可以更详细地解释为脑功能的障碍。总之,对孩子的解释要详细、充分,有利于他们的理解。

(3)要认真教导他们应该怎样做

为了防止言语障碍儿童认为自己有缺陷而放弃努力,家长一定要告诉他们具体应该怎么做。让他们换一种方法试一下,也许就能和其他小朋友一样了。

家长如何向孩子解释言语障碍
如何让孩子了解和接受他目前的状况

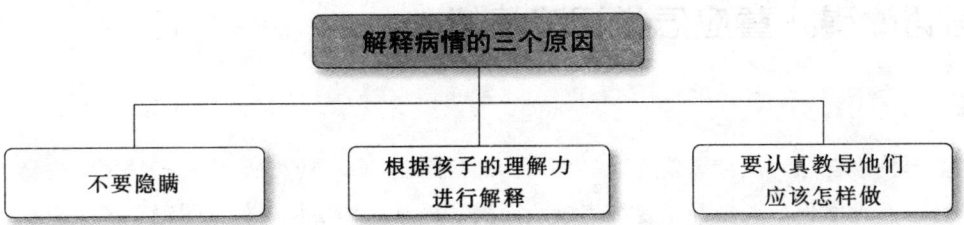

隐瞒情况是不对的

解释要符合孩子的年龄

指导应具体

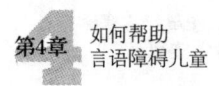

第4章 如何帮助言语障碍儿童

言语障碍儿童的情绪调节

言语障碍儿童应怎样调节情绪

当出现自己讨厌和需要忍耐的事情，又或是被他人强迫时，压抑的情绪会在体内一点一点地堆积，人会开始变得焦虑、暴躁，直至这种情绪爆发。平时，如果喜欢运动的孩子或是有自己兴趣爱好的孩子，可以在这些事情中舒缓自己的情绪。但是如果情绪得不到纾解，当积累到一定程度之后，消极的情绪就会爆发，有时还可能使身边的人受到伤害。言语障碍儿童平时经历的挫折较多，负性情绪的积累也较多。因此，为了防止他们情绪的剧烈爆发，有必要让他们掌握一些调节情绪的方法。下面简单介绍几种调节情绪的方法。

参加一些高体能的锻炼　建议儿童在感觉不好或烦躁焦虑时，参加一些高体能的运动。大量的研究表明，运动对人的心理有镇静作用和抗抑郁的作用。跑步、打沙袋或网球、滑雪、游泳等激烈的体能锻炼，不仅能增强自信，还能有效地舒缓情绪，减轻压力。

推迟发怒的时间　当你想发怒时，试着推迟一下发怒的时间，第一次10秒，之后逐渐延长时间。如果你能将发怒时间推迟到一天后，你就会发现愤怒的情绪已经逐渐消逝了。

写动怒日记　当怒气难消时，不妨将自己的想法或感觉写出来，这样有助于整理思绪，并发现真正的感觉，因为，愤怒时的情感反应并不是我们真正的感觉。研究表明，善于把自己的感觉或所关注的问题写下来的人，要比那些只思考而不动笔的人健康快乐，而且我们把感觉写出来以后，愤怒的情绪就会有所减轻。

转移宣泄　适度释放郁积在心中的不良情绪，是调节心理的有效方法之一。当你感到不痛快的时候，可以对着你不喜欢的物品或是抱枕一类的东西击打或是破坏，这样也可以发泄情绪。

做深呼吸或放松训练　人在愤怒时，会出现明显的身体反应，如肌肉紧张、微微颤抖、心跳加快等。深呼吸或放松训练有助于放松肌肉，使身体从高度警戒状态下改变过来。因此，当你勃然大怒时，试着做几次深呼吸，看看效果如何。

情绪的发泄方法

唱 歌

打沙袋

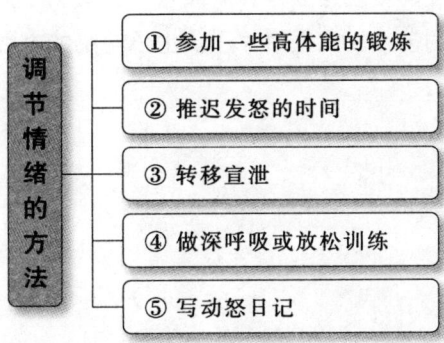

跑 步

调节情绪的方法
- ① 参加一些高体能的锻炼
- ② 推迟发怒的时间
- ③ 转移宣泄
- ④ 做深呼吸或放松训练
- ⑤ 写动怒日记

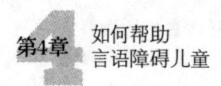

第4章 如何帮助言语障碍儿童

言语障碍儿童的学习

言语障碍儿童在学习上应注意哪些方面

言语障碍儿童在困难和缺陷面前应坚持努力不放弃。无论是哪种症状的言语障碍，只要坚持下去，能力就会有所发展。如果一遇到困难的事情就想着"反正我也不会"，那么你怎样都不可能擅长这件事情。有一句谚语说得很好："困难是弹簧，看你强不强，你强它就弱，你弱它就强"。即使遇到一个你看似不可能完成的任务，只要你坚持不懈地努力，再坚硬的堡垒也能攻克。一旦你成功完成了任务，那么你面前的困难就变成了乐趣。所以，言语障碍儿童首先要突破自己的心理障碍，相信"试试就能行，争争就能赢"的说法。

面对自己有困难或不擅长的事情，我们不但要付出努力，还要找到正确的方法来改善。其实言语只是人们用来交流的一种工具，人与人之间传递信息的方式有很多，我们可以用其他方式来代替言语交流。

随着科技的发展，计算机越来越智能化，在课堂中制造出立体的现实情境并不是不可能的事情。老师在对言语障碍儿童讲课的过程中，除了用基本的语言表达外，还可以用板书、图片和画册等，这些都是传授知识的有效方式。

其实在前面我们提到的方法有很多，例如对阅读困难的学生来说，在阅读到的地方下面划上线，使用加大版本的教科书，都可以提高阅读效果。对表达有困难的学生，多使用身体语言或是采用网络的方式交流也是一个不错的选择。下面有一段言语障碍儿童的自述，希望你可以借鉴到方法，找到改变困难的灵感。

"我是一个有书写障碍的学生，字总是写不好。在中小学的时候，自己最讨厌的就是写作文，只要写作文，我就感到万分的痛苦。自从到了大学以后，开始使用电脑来完成书写。我对书写的苦恼就完全消失了。由于电脑的存在，写文章对我来说从痛苦变成了爱好。"

在困难和缺陷面前应坚持努力不放弃

用笔写作文很痛苦

使用电脑后,爱上写文章了

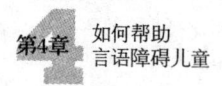

第4章 如何帮助言语障碍儿童

促进言语障碍儿童健康发展的其他途径

儿童要学会主动向他人求助

从父母那里获得帮助

父母在孩子出生后便一直守护在其身边，养育和教育孩子。父母可以说是最希望孩子能健康成长也是最了解孩子的人。因此，孩子应该多和父母进行沟通交流，增进感情、增加了解。比如与父母分享自己在学校的经历，倾诉自己的心情，表达自己的困惑等。在交流的过程中，孩子应当学会接受父母的帮助，不要总是认为父母过于唠叨就对他们的帮助行为产生厌烦。

从老师那里获得帮助

进入学校后，老师是陪伴学生最长的人。言语障碍儿童在了解自己和别的同学有所不同之后，要多和老师沟通，让老师了解自己的各种症状。只有这样，老师才能理解障碍儿童一些不好行为产生的原因，从而根据现实情况，给予儿童帮助。

从朋友那里获得帮助

朋友是高兴的时候可以一起分享快乐，悲伤的时候可以获得安慰，泄气的时候可以得到鼓励的人。朋友之间能相互理解，但理解的前提是彼此之间有充分的了解。所以，言语障碍儿童不要只让朋友知道自己有某一方面的缺陷，还要详细地让他们了解言语障碍儿童的具体困惑是什么。其实，向朋友袒露自己的缺点是一件需要很大勇气的事情。如果你没有勇气当面告诉你的朋友，也可以通过写纸条或信件的方式来表达。

从有相似障碍倾向的儿童那里获得帮助

有相似障碍的儿童有着相似的经历，有着相似的感受，更容易互相理解另一方的痛苦，就像是看一本与自己有着相似经历的主人公的书一样，更容易引起共鸣。在你焦虑不安的时候，有一个可以充分理解你的人站在你身边，鼓励你、支持你，你一定会更加充满信心，消除目前的困境和焦虑情绪。而结识与自己有着相似障碍的朋友可以通过家长来完成，比如父母通过参加言语障碍家长协会以及互联网交流平台等可以认识到许多有着相似障碍孩子的父母，然后制造机会让孩子们彼此认识。最后，在与朋友的相处中一定要有礼貌，接受朋友的帮助时要说谢谢，如果想要得到朋友的帮助，最好用委婉的说法，避免用词特别生硬。

言语障碍儿童要主动寻求帮助

向父母求助

向老师求助

向朋友求助

向同类型障碍儿童求助

专栏四

运动可以促进大脑的发育

1969年,美国的心理学家爱瑞斯(Anna Jean Ayres)首先提出了感觉统合的概念,感觉统合是指人体各部分器官都是通过与外界接触,向大脑传递感觉信息,这些信息经过大脑的有效组合,指挥人完成各项活动的过程。当这一系统由于发育或其他原因不能正常运转时,就会产生感觉统合失调。例如,当视觉感不良时,表现为尽管能长时间地看动画片,玩电动玩具,却无法流利地阅读,经常出现跳读、漏读或多字少字;写字时偏旁部首颠倒,甚至不认识字,学了就忘,不会做计算,常抄错题等。当听觉感不良时,表现为别人的话听而不闻,丢三落四,经常忘记老师说的话和布置的作业等。造成感觉统合失调的原因很复杂,主要与孕育过程中的问题和出生后的抚育方式有关。例如,先兆流产、怀孕时用药或情绪处于应激状态、早产、剖腹产,出生后家长摇抱少,尤其是没让孩子经过爬就学走路,孩子静坐多,活动少,过分限制孩子的活动范围等。

在美国和日本等发达国家,很早就开始对言语障碍儿童进行心理训练加以矫正,这一过程被称为感觉统合训练。这是个极简单的疗法,主要是通过运动和触觉刺激大脑的不同部位使之功能增强的一种疗法,它强调要充分利用患者的能力,灵活运用各种交流技能,把多种信息传达手段结合起来,提高接收和表达的能力。

儿童感觉统合训练一个周期是20次,一次约1小时左右,训练内容包括感觉统合训练和特殊脑力训练两部分,通过一些特殊研制的器具,以游戏的形式让孩子参与。心理医生会根据孩子的不同失调程度安排不同的训练课程和时间,训练时间一般是孩子下课后和节假日,一星期不少于2次,重度失调的儿童训练次数应更多一些。训练效果根据孩子的年龄有很大差异,一般在7岁以前治疗效果良好,一旦超过8～9岁效果就不十分明显了。这可能和脑的发展阶段有关,7岁以前是大脑的飞速发展时期,8～9岁以后大脑的发展基本完成,进入一个平缓发展时期。

第5章
学校教育如何帮助言语障碍儿童

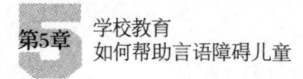

教师应注意言语障碍儿童发出的信息

老师，需要您的关注

作为教师，要时刻注意障碍儿童发出的各种信息，特别是对于言语障碍的儿童，老师应该给予更多的关注。当他们积极发言时，要及时回应他们的发言并做出肯定。作为老师和班主任需要对他们进行教育支持，要时刻注意言语障碍学生的各种行为。例如，当他们某种行为改变的时候，老师应该要注意到他们为什么改变，以及时间、地点、在什么情况下和由什么事情引起的，要正确把握言语障碍儿童的行为和情况。

老师要学会如何分辨言语障碍儿童发出的重要信息，如果判断错误，老师会忽略掉一些重要信息，从而不能及时对言语障碍儿童的改变做出反应。儿童的某些问题行动有时还会和特定的场合相联系。作为班主任，要和学生进行各种方式的交流，开展多种活动；老师正确对待学生，了解学生的一举一动，觉察到学生所发出的信息，面对学生的缺点，包容他们，对学生有一个感性认识都是十分重要的。

下面介绍几个班主任注意学生所发出信息的例子。这些都是在日常生活中出现的会让学生感到为难的状况。例如，在课堂上可能出现的情况，"学生在写字的过程中比其他人要花上更多的时间。""在抄笔记的时候，突然停下来。"接下来老师将对这些行为做出反馈。如果是视力的问题，就让孩子坐在前面的座位上，老师板书的文字写大一点；如果不是，就需要对孩子的书写时间和内容进行观察，发现是否与其他儿童存在差异。

班主任在把注意到的信息进行记录的同时，还要考虑"学生到底需要什么帮忙""作为班主任可以对这种情况做出什么应对"，以及应对实施后"学生的反应是怎么样的呢？"等内容。

老师对学生平时的课堂表现记录是非常重要的，可帮助以后制作针对性较强的个别指导计划。

教师应注意言语障碍儿童发出的信息
老师，需要您的关注

教师要正确把握言语障碍儿童的行为和情况

觉察到孩子停笔了

发现孩子走神了

记录课堂表现

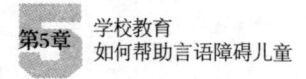

言语障碍儿童的个别指导计划
儿童需要个体指导吗

个别指导计划是根据每个儿童不同的主客观条件而制定的符合实际情况的个别课业计划。通过执行计划，改善儿童的不良行为或学习困难等情况。在制作个别指导计划的同时，还会评价基于这个指导的结果，并改善其不足的地方，对儿童的性格的形成有至关重要的作用。

个别指导计划的起草是从老师对学生的注意和理解开始的。老师搜集学生各种不同的信息之后，对需要特别教育帮助的儿童，研究具体的帮助方法，再根据个人的教育需要制成计划。个别指导计划是班主任和儿童心理健康辅导员联合做成的，因为有必要参照言语障碍儿童的各种信息。因此，班主任每天的记录是十分重要的。

个别指导计划的制作，主要依据如下的顺序进行。

（1）信息的收集。班主任将日常的情况与家长和与学生关系亲密的人的反映相结合制作成报告，掌握需要帮助儿童的实际情况，越全面细致越好。例如"阅读文字有困难""不能很好地书写文字或拼音""注意力不能持续集中"等情况。

（2）目标的设定。对言语障碍儿童设定具体行动目标。例如，"理解父母的指示""遵守游戏的规则""把文字写在规定的格子里"等，在设定的目标中要集中在儿童问题的焦点上。通常在目标的设定时，要分成不同的层次，如一个星期的目标、一个月的目标、一个学期的目标，等等。计划的具体实施办法，例如，要考虑"多长时间和家长通一次消息""把言语障碍儿童和有爱心、有耐心的孩子编在一个小组"等。作为对孩子的单独辅导，"在对集体提出要求后，询问言语障碍儿童是否明白了要求""准备格子较大的方格本让孩子书写"。

（3）后期评估。实施计划后的评价是很重要的。例如是否努力实现目标，言语障碍儿童是否有改变，当有进步时，及时对他们鼓励，可以帮助言语障碍儿童树立信心。在没有达到目标的时候，要和专家取得联系，进一步修改目标或课程内容，制作出新的方案。让孩子变成一个有自信、有安全感的孩子。

言语障碍儿童的个别指导计划
儿童需要个体指导吗

个别辅导计划

信息的收集

计划的具体实施办法

目标的设定

后期评估

第5章 学校教育
如何帮助言语障碍儿童

教师帮助言语障碍儿童的方法
老师该怎么做

对言语或其他方面有障碍的学生，老师要给予以下基本的照顾：不责备学生不擅长的方面，而且要在班级里表扬障碍学生擅长或努力的方面，或者在团体里制造障碍儿童表现的机会，增加他们的自信心。理解障碍儿童在学习方面的缺陷和不足，不会要求他们做特别多不擅长的事。要鼓励他们并承认他们每次的努力和成长。教师的态度对他们性格的形成有很重要的作用。为了学生能安心参加学习和活动，老师要在学习小组的编制和座位的分布上下功夫，尽量让障碍学生和他的朋友或比较容易相处的人在一起学习或游戏。使障碍儿童和其他人的关系向更好的方向发展，让他们感受成功、具有安全感。此外，不要让障碍学生意识到自己被特别的照顾，这样会使他们产生差别感和孤立感，也会让其他的孩子感到不公平。对障碍儿童的方方面面只要有一点进步，就表扬他们，让他们感受成功。在班级里谈论关于言语障碍等话题时，要说明是发展阶段的差异，让孩子充满自尊。老师与家长要积极地交换信息。通过各种方式对孩子进行评价，从而更全面、更深刻和多角度多侧面衡量学生的发展状况。

对于言语障碍儿童具体的帮助方法有很多，在学习方面就可以有以下几种方法：

（1）指示传达的方法，例如在全班同学面前调动大家的注意力，指出要记下的重点，并把重点写在黑板上。对听力方面有障碍的学生，在向全班进行指示后，还要对他个别的指示一次。问他能不能理解，直到看到他的行动。

（2）解决方案的提出，例如在书写障碍儿童写字时，采用格子较大，纸质结实从而不容易被擦烂的纸张。另外，对待只是言语信息很难在头脑中留下印象的学生，可以采用图画、照片等辅助视觉的信息。这些事情需要与家庭联合进行，才能发挥最大功效。

（3）课前准备，因为言语障碍的儿童在接受新知识上比较困难，所以在学习新的内容以前最好给他一些辅助的知识，或是提前交给他们一些关于知识的内容和结构。这样可以让他们更好地掌握新的知识。

老师帮助孩子的方法有很多

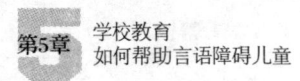

自然进入法和结伴交谈法
言语障碍儿童的课堂教学方法（上）

大家都知道，任何事情都是通过练习才能熟练，最后达到擅长。言语学习也是如此。但是在课堂课上，很多孩子怕羞，有的从来不敢主动举手，更不敢站到小朋友面前讲话和表演。他们一看到教师询问的目光就紧张地躲闪，如果在迫不得已的情况下被叫到名字，要么一言不发，要么声音小得像蚊子。而课下情况却相反，孩子们讲话的欲望是那样强烈，羞涩一扫而光，看到的到处是活跃的交谈。那么，为什么课上、课下会有如此大的反差呢？究其原因可能有以下两点。一是幼儿心理上的原因。如，有的孩子性格内向胆小怕羞，自信心不强；还有的是过于自尊，怕说得不对被他人耻笑。二是教师教法上的原因。如教学起点过高、速度过快、跨度过大、问题过难、要求失当等。那么如何帮胆小的孩子克服心理障碍，在这里提供几个帮助孩子"多说话"的小办法，以利于儿童言语发展。

自然进入法

教师要设法保持课堂气氛自始至终轻松愉快、自然平和，让孩子们始终看到的是教师和蔼可亲的笑脸，听到的是教师轻声慢语、抑扬顿挫、活泼诙谐的语言。在任何时候、任何情况下，教师都不要斥责、否认孩子，让孩子始终保持轻松愉快的心境；课堂气氛越是自然，孩子越容易放松，这是帮助孩子解除语言障碍的前提，如果没有这个前提，其他的方法就无从谈起。

结伴交谈法

在课堂上，由于时间有限，光靠个别发言不能满足所有孩子的语言发展要求。一般来说，能力强的孩子得到锻炼的机会较多，能力差的孩子得到的机会较少，这样使得孩子的发展更加不平衡。结伴交谈法就是利用孩子特别喜欢和同龄伙伴交往的这一特点，在教师提问之后，先让孩子想一想答案，和邻座的小朋友互相讨论问题，再举手发言。由于孩子之间讲话没有顾虑，不怕说错，无拘无束，思维活跃，所以孩子会很喜欢这种方法。课堂气氛非常活跃，每个孩子都得到了同等锻炼的机会，使他们在原有的水平上得到了提高。

帮助孩子"多说话"的小办法

自然进入法

结伴交谈法

课堂气氛轻松、自然、平和

结伴交谈

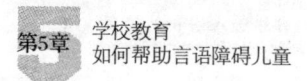
学校教育
如何帮助言语障碍儿童

角色迁移法、"告诉你"法和"七嘴八舌"法

言语障碍儿童的课堂教学方法（中）

角色迁移法

爱听故事是孩子的天性，把自己当成故事中的主人公，按故事中主人公的行为和故事中的情节去做，这种角色迁移的心理现象是幼儿所特有的。角色迁移法，就是利用讲故事来消除孩子怕羞、胆小等心理障碍。角色迁移的作用巨大，利用这种办法在解决孩子说话声音过小，害怕讲错话等心理障碍时十分效果。并且可以锻炼幼儿的想象力，开发幼儿的思维。

"告诉你"法

交流需要是言语行为的动力，要激发孩子说话的积极性、主动性，教师要设法为孩子创设交流的需要。"告诉你"法就是教师将要讲的内容告诉一个或者几个孩子，让他们向不知道的同伴传播。而且这种方法让很多孩子觉得是像做游戏，很有意思，可以更好地投入。如复述故事，先讲给部分孩子听，把下一步传播任务明确告诉他们，这样，他们听得非常仔细，记得特别认真，听完之后急不可待地想告诉同伴。在向同伴复述的过程中，孩子更是倾其所有，尽情发挥，听的孩子也很感兴趣，教师在一旁巡回指导。这种方法在孩子中轮换进行，使他们都能得到锻炼。最后教师再面向全体把故事讲一遍，进一步加深印象。

"七嘴八舌"法

语言作为思维外壳是多方位、多角度的，没有也不应该有固定的模式。因此，教师在语言教学上要注意突出这一特性，强调言语教学的实用价值，在使孩子掌握言语这一交流工具上下功夫。让孩子学会运用多种词语、多种句式来表达自己想说的内容。"七嘴八舌"法就是通过教师设情境或设问题让孩子发表意见和参加讨论，在讨论中各抒己见，而不设标准答案或最后统一答案，不论孩子的意见多么幼稚可笑，也鼓励孩子讲出来。只有这样，孩子才能消除一切顾虑，思维充分展开，并努力组织语言把它表达出来，使自己的语言能力得到充分的锻炼。

帮助孩子"多说话"的小办法

角色迁移法

"告诉你"法

"七嘴八舌"法

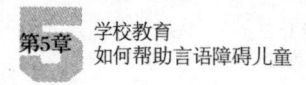

自言自语法、自我暗示法和"说错话"法
言语障碍儿童的课堂教学方法（下）

自言自语法

孩子对发言有胆怯心理，其中有一个重要原因就是由于幼儿对注意的分配差，不能在举手的同时考虑教师所提的问题，所以很多孩子举手很积极，可是站起来又张口结舌，因而得不到充分的肯定，这样就影响了孩子的自信心，久而久之，敢于大胆发言的孩子就越来越少了。自言自语法就是教师向孩子提问后，先给孩子一个充分的准备时间，让孩子想一想，然后自言自语地说一说，几分钟以后，再请孩子发言。这时孩子已有了充分的准备，大胆、踊跃举手，回答问题也准确了。这种方法提高了学习的成功率，孩子的自信心自然就增强了，满足他们生活和心理的需要。

自我暗示法

有些因性格内向或缺乏自信而怕羞的孩子，其心理障碍不是一下能克服的，这节课有进步下节课还会反复，这时如果用自我暗示法，只需一分钟就可以使这些孩子得到有效的帮助。做法是：教师在提问前，先用自信、坚定的语气大声领全体孩子说一些自我鼓励的短语，如"我是一个勇敢的孩子""我不怕羞""我敢大声说话""我不怕说错""我敢举手发言""我胆子大"等，孩子说完就会鼓起勇气，巩固他们的自信心，克服胆怯，取得进步。

"说错话"法

针对有些因自尊心强怕说错话的孩子，可以用这种方法排除紧张的心理，让他们看到教师对他们所说错的话并不那么在意。可以设计这样一类游戏，就是专门让小朋友指鹿为马，张冠李戴，所答非所问，让他们在看来很可怕的事情中体验、锻炼心理的承受力。让孩子们发现原来说了错话并没有那么可怕。

不论什么方法，都离不开一切从孩子的实际出发，其目的是促进儿童的语言发育，使儿童语言尽可能达到同龄人的正常发展水平。从孩子的学习规律出发，低起点、慢速度，循序渐进，随时根据孩子的接受情况进行调整，而且要做好心理疏导工作。

帮助孩子"多说话"的小办法

自言自语法

自我暗示法

"说错话"法

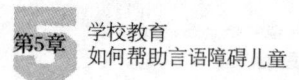
第5章 学校教育
如何帮助言语障碍儿童

教师对言语障碍儿童教学中的注意事项
教师要在教学上多下功夫

将知识传授给学生有很多方法，而且在学习上，如果通过多种渠道或是多种感觉器官接收到的信息更容易记一些。根据不同的儿童采用不同的教育方法，才可以最大化激发出孩子的潜能。如果教育的方法不适合儿童，那么无论用多长的时间，多细致的教学，孩子理解不了也达不到很好的教学效果。因此，教师应当在教学中多下功夫，选择适合儿童的教学方法，不光对言语障碍儿童有用，对其他孩子也有很大帮助。

对待言语障碍儿童，老师在讲课时语速尽量慢一点，吐字清晰，使用短一点的句子，少使用歧义句或反语，方便言语障碍儿童理解。在重点讲解的地方，可以加重语气，引起学生的注意。一般来讲，坐在前排的同学更容易集中注意力，而且老师也容易对他的情况进行观察。因此，言语障碍儿童的注意力不太集中，可以将他们座位安排到前面，老师的注意以及座位的靠前，可以减少言语障碍儿童的注意分心。

言语障碍儿童在阅读中存在问题时，作为老师，在与他交流的时候应该避免使用文字材料，可以多利用语言的交流来沟通。这样可以避开他们的不足，降低言语障碍儿童的自卑感。而对于那些由于在记忆上存在缺陷而导致言语障碍的儿童，教师可以利用谐音、顺口溜等技巧方式，来帮助儿童进行有效记忆。有书写问题的言语障碍儿童可以采用特殊的教学材料，例如已经有一半偏旁的文字，剩下的让孩子去填写，就不会出现字的左右或上下颠倒了。

老师在教学上要注意以下两点：（1）在教学内容难度上要有一定幅度。言语障碍儿童的理解能力比较差，所以，当教学内容有不同水平时，既可以帮助言语障碍儿童理解内容，又可以提高他们对学习的兴趣。（2）在教室的布置上要尽量简洁明亮，这样可以减少周围的事物对学生注意力的分散。言语障碍的儿童需要表现的机会，这样有利于他们自尊心和自我成就感的培养，因此，老师可以特意提出一些在他们可理解水平上的问题，让他们回答。除此之外，老师要和家长多沟通，一起制定适合言语障碍儿童的教学方法，为孩子的学习一起努力。

教师对言语障碍儿童教学中的注意事项
教师要在教学上多下功夫

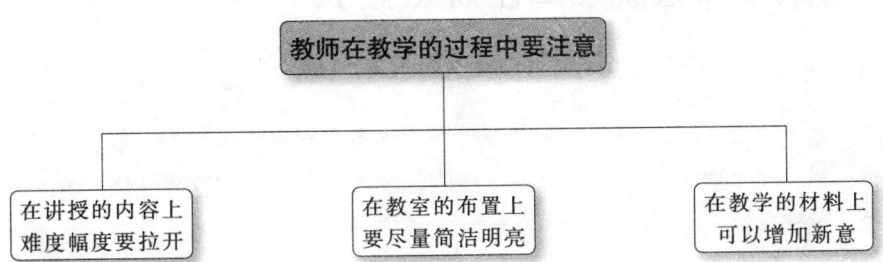

将言语障碍儿童安排在教室前面

特殊的教学材料

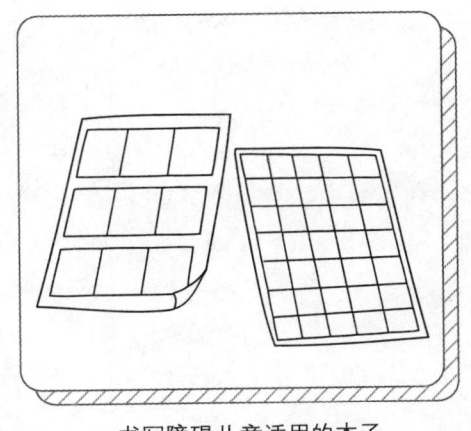

书写障碍儿童适用的本子

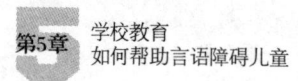

书写困难的应对方式

如何帮助孩子摆脱书写困难（上）

正如在第3章中所讲到的，书写障碍与手眼协调有很大的联系。要让孩子的字写得更好，那么首先要让孩子多做关于手眼协调的练习，其实，这样的练习在生活中随处可见，例如画画、剪纸、手工等这些孩子们平时经常做的小游戏都可以提高他们的手眼协调能力。拿剪纸来说吧，就是很不错的练习方式，剪纸时首先是在心中勾勒出想要剪出来的图形，然后在纸上画出这个图形，最后沿着你画的线来剪，不能剪歪了，否则就剪不成你要的图形了，所以这需要较高的手眼协调能力。当然，如果一开始剪不好也没有关系，重在练习。除了剪纸以外还有穿绳游戏和画画。画画要照着一个东西画，就是我们日常生活中的描摹，而不是按照孩子的想象来创作新的图画，这样才能锻炼孩子的手眼协调。画画、剪纸等这些需要精细动作的活动，可以让孩子在愉快的氛围里把视觉和动手能力发展得更好。

儿童的书写障碍有时不光是儿童的手眼协调不好，还可能是因为儿童的视觉记忆出现了问题。多给儿童出一些关于记忆的问题帮助他们提高视觉记忆力。老师可以在课后和学生交流，促进孩子的视觉记忆。例如学校出口的第一家店叫什么名字，孩子回答了之后继续问，主要是卖什么的，让孩子努力地去回想自己看到的。也可以让孩子做一些默写的练习，在孩子抄写的时候锻炼他们的视觉记忆，如先让孩子看五个字，看好了，挡上开始默写，然后再让他抄五个字。如果他能够熟练做到。你再加长到七个字。以此类推，提高孩子的记忆能力。

提高手眼协调能力

提高视觉记忆力

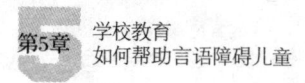

书写困难的应对方式
如何帮助孩子摆脱书写困难(下)

增加孩子的日常体育锻炼,不但可以锻炼孩子的身体,使他们有一个强健的体魄,还可以培养他们的手眼协调能力,以及全身各部分机能的协调性。提高手眼协调能力的体育锻炼很多,如篮球、羽毛球、乒乓球等,家长可以带着孩子多参加一些这样的体育活动,在游戏的同时还能增加亲子间感情的培养。

篮球运动需要拍球、接球和投球。手眼协调不好的小孩接球时总是有问题,你给他扔球,到球碰到他身上才有反应。协调不好的孩子在其他体育运动中也会出现问题。如打羽毛球打不着;踢球鞋出去了。跳绳也是非常好的体育活动。跳绳涉及手、眼和整个身体的协调。协调不好的孩子,完成体育活动总是遇到各种困难。家长这时一定要有耐心,一步步教会他,不要因为孩子学得慢而对他发脾气。玩飞盘、单杠双杠,可以增加孩子肌肉以及手指的力量。有的小孩手没劲,没有劲的时候应该怎么办呢?这时就可以让他们多练习抓单杠,或是撒铅球。手指头有劲了,写字就不费力了。让孩子经常练习眼动,就是脑袋不动,只是眼动。这个活动也非常好,是视觉方面的精细练习,可以锻炼眼部周围的肌肉,增强眼睛的灵活性。

体育锻炼对孩子来说是必不可少的。游泳可以锻炼身体的大肌肉,增强身体的协调性;去大自然的野炊,呼吸大自然的空气;散步、跑步等都有利于孩子的身心健康。所以,家长们不要让孩子天天在家看电视,上电脑。这是很容易疲劳的,而且不利于学习。只要我们增加户外活动,让孩子们经常接触大自然,孩子们身体感觉愉快了,那么回到家,写作业的时候,就不会感到特别的枯燥、吃力了。这时孩子的大脑会相对比较兴奋。孩子在户外活动后,再回到家里写作业的时候效率会得到提高。那种情感状态,那种学习当中的愉快体验,要远远高于在家看完电视,或者从电脑旁来做作业的心情,所以即使在现代都市社会,家长要搞好学习,还得让孩子们多参加户外活动。

书写困难的应对方式
如何帮助孩子摆脱书写困难（下）

多做手眼协调的体育运动

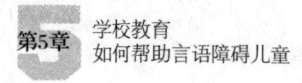

教师专业素养对言语障碍儿童的帮助
教师专业素质的提高

为了提高教师对言语和其他方面有障碍的儿童的理解，以及学习的指导能力，要多给老师进修的机会，增加教师对儿童障碍方面的知识。

让教师学习有关学习障碍、自闭症、多动症等不同障碍的知识，这样可以更好地对障碍儿童予以恰当的帮助和指导。在指导的过程中可以更好地做到以下几项：把握需要特别教育帮助的学生在日常生活和学习中的所有情况。能够制作针对学生问题的个别指导计划。在实际的实施过程中注意学生的反馈信息，并及时进行修正。在和有关的专业机构进行交流时，不会因为对专业知识的不了解在沟通上出现问题。在和家长的沟通过程中可以运用技巧，不给家长太大的压力。

提高教师素质与帮助障碍儿童有许多的方法。首先可以和教育专家联合，多进行交流。在大学或医院有许多研究言语障碍、注意缺陷多动障碍、自闭症等专业知识及专业技能的人。学校可以聘请他们对班主任以及其他教师进行培训。对教师如何帮助障碍儿童，在指导内容和指导方法以及关于学校的帮助体制等方面给予忠告。在国外就有帮助障碍儿童的特别专家组。关于专家组的成员构成，包括儿童心理学家、临床心理医生、学校领导以及有特殊教育经验的班主任等。专家组的主要任务是对言语障碍、注意障碍、情绪障碍等儿童进行诊断，并给出相应的指导方案。观察孩子在教室中的听课状况，给出适合于障碍儿童的具体教育内容和教育形式，帮助班主任等特殊教育机构成员提高科研素质。

对儿童的诊断和指导是一个复杂的过程。为了最大限度提高儿童的能力，需要对障碍儿童的状态、程度进行专业的判断，再根据各个障碍的特性施加恰当的指导，这个过程需要教育、心理等许多专家的介入和紧密的配合。另外，还要父母和教师的配合，父母的态度与儿童的个性倾向有密切的关系，特别是在生命早期，母亲对孩子的爱抚，母子之间的言语和非言语之间的交流，母子之间的依赖关系的建立等这些因素对儿童的发展都不容忽视。

教师专业素质的提高有益于言语障碍儿童

教师和专家交流

教师在台上讲课

专家在教师中观察孩子的听课情况

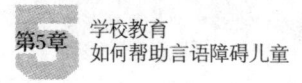

学校教育
如何帮助言语障碍儿童

教师家长互动对言语障碍儿童的帮助
教师和家长应经常保持联系

在对待言语障碍儿童的生活学习中,单单依靠老师是不够的。而是老师和家长要保持长时间联系,双方积极配合给学生更好的帮助。学习困难的儿童,接受新的事物要比其他的同学慢。家长可以针对第二天上课的内容做些准备,让儿童提前接受新知识,也可以对当天学习的内容进行复习,巩固学校学习的成果。教师最好定期和家长交流孩子的情况和自己的教学方案,取得家长的理解和信任。这样也可以更好地展开今后的教育活动,做到事半功倍的效果。教师具体要做到以下两点:

(1)和家长交换信息。老师需要恰当的指导所管理班级的全部学生。当觉察到有需要帮助的学生时,要注意和家长交换信息。在和家长商谈的过程中要注意包容家长的心情,老师最好和家长在情感上产生共鸣。

家长是学生身边最亲近的人,对孩子所面临的学习方面和行动方面的困难,可以最快、最早的感知觉察。因此,老师在对儿童指导的过程中要多听听家长的意见。为了提出帮助儿童的指导方法,要考虑到他们学习困难的主要原因,因此要把握以下信息:学生的家庭情况、家族是否有遗传史、出生时的情况,医疗机关的病例,等等。了解这些入学前的信息或是儿童障碍的原因对儿童障碍的指导十分重要。

(2)获得家长的理解。对家长说明老师对障碍儿童的指导计划获得家长的理解是十分重要的。老师要让家长理解按照学生自身特点的教学对障碍学生有重要的意义。建立个别指导计划需要收集大量日常生活中的信息。这些需要家长的配合才能完成。而且只有获得了家长的理解才能更好地完成。不光是儿童的家长,还有儿童周围其他人的信息也很重要。例如儿童入学前在幼儿园时的信息,或者有转校经历的学生在其他学校的信息,等等。

对学生的个人信息老师要给予妥善的处理。要注意学生的隐私,孩子的心灵是脆弱以及敏感的,因此老师要注意周围的言论对学生的压力。也要避免自己对这类学生的过度关心,引起其他学生的不满,造成对障碍儿童的远离和欺负。老师和家长多交流互动,更有利于帮助言语障碍儿童的学习和生活。

教师家长互动对言语障碍儿童的帮助
教师和家长应经常保持联系

"一方"有难,"八方"支援

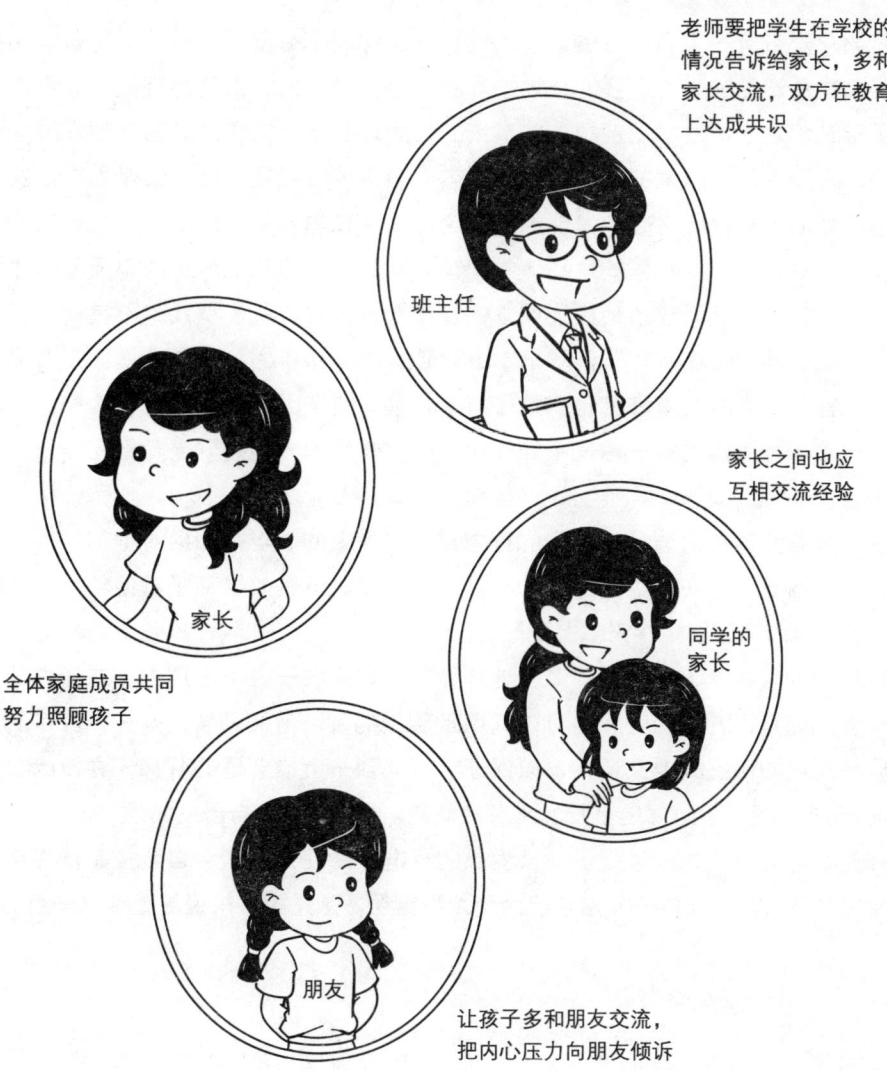

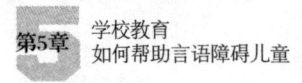

教师需要了解言语障碍儿童行为的原因
教师要帮助言语障碍儿童改正不良行为

孩子是最纯真，最不懂得掩饰的存在。他们的行为往往直接表现他们内心的想法，也是他们真正情绪的体现。要改善他们的行为，首先要改变他们的想法。

行为总是带有一定目的性的，动机在行为的构成上有着举足轻重的地位。例如，一个经常扰乱课堂的学生，多次批评却屡教不改，老师会认为他品行不良。但是当老师真正接触他之后，才发现他做这些事情的目的其实十分的单纯。因为他平时学习成绩中等，也没有什么特殊的技能，是一个容易被别人忽视的存在。但是，有一次他上课说话，被老师批评，这时他发现他成了全班同学和老师的焦点。为了得到老师和同学更多的关注，他开始频繁的扰乱课堂纪律。因此，老师的批评行为不但不能达到停止他淘气的效果，反而成了他扰乱课堂的催化剂。只有真正了解儿童不良行为背后的原因，才能做到"对症下药"，从根本上改善他的不良行为。这样的例子还有很多，例如一个言语障碍的儿童和其他的孩子打架，这可能是因为他不能交流，产生愤怒引起的。一个听觉障碍的孩子总是不做作业，这可能是因为他听到老师留完作业过后，马上忘记的结果。

在儿童犯错误的时候倾听他们的理由是十分重要的。老师如果对他们的行为问题进行严厉的批评，也许可以使他们的不良行为下降，但是如果不了解他们行为背后的真正原因，行为问题就始终无法得到改善。

可以询问儿童本人"你为什么要这样做"，如果孩子说不出理由，或者说他自己也没有意识到真正的理由时，还可以询问他周围的人，他的同学、家长，等等。当然也可以把儿童的情况向专家咨询，以保证可以得到一个最合理的解释，在以此改善他的情况。只有对症下药，才能从根本上解决问题。要求他们对自己的错误行为进行反思，认识并开始将其内化为能够促进自身发展的标准。要让孩子学会自我控制，在纠正孩子问题的前提下，先让孩子明白自己为什么犯错误，这是相对来说更重要的一点。

教师需要了解言语障碍儿童行为的原因
教师要帮助言语障碍儿童改正不良行为

找出孩子犯错误的真正原因

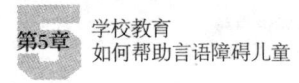

改正言语障碍儿童不良行为的方法
教师如何改正儿童的不良行为

在老师了解了儿童不良行为背后的原因后,就应该努力去帮助言语障碍儿童改正不良行为。主要可以从以下几个方面进行改善:

(1)增加与言语障碍儿童亲密接触和关注的时间与机会,建立良好的师生关系。言语障碍儿童有强烈的自卑感,上课一般不敢回答问题和提问,而且可能为了吸引老师和同学的注意,采用不恰当的行为。这时候,老师应该多与言语障碍儿童接触,给他多的关注,让他感受到老师对他的关心和支持,这样他们才会听从老师的安排,更好地遵守课堂纪律。

(2)采用教育与奖励来矫正言语障碍儿童的不良行为。在言语障碍儿童表现出不良行为时,老师应当指出,并教育障碍儿童这种行为是不对的,是需要改正的。在他们出现这种不良行为时,教会他们掌握在习惯性行为出现时运用对抗反应,例如孩子上课吵闹,让他们意识到上课吵闹别的同学会不认真听讲,会打扰到别人。而且老师会在一旁进行督促,但障碍儿童有好转时,应当给予鼓励和表扬。

(3)教师带动班级学生对障碍儿童进行支持和鼓励。当障碍儿童的不良行为得到一定改善时,老师应该带动班级学生鼓励障碍儿童。因为在这个年龄阶段,障碍儿童非常需要同伴们的认可和鼓励,让他们感受到自己在一个团体中是有位置的。例如,当言语障碍儿童开始不在上课的时候捣乱,认真听讲时,老师可以在下课前提出表扬,并请全班同学为他鼓掌加油。这样儿童,在改正后得到了大家的鼓励,会让儿童明白之前的行为问题,并且可以很好地融入班级。

儿童的发展好比是毛虫变成蝴蝶的过程,蝴蝶的美貌都是来自于它在幼虫形态的生命历程。儿童的发展也是如此,前一阶段的需要越是得到充分的满足,后一阶段可能获取的成功便越大。因此,为了儿童的健康成长,我们一定不能忽视儿童社会性这一方面。帮助他们度过人生的一个阶段,使他们在心理、知识、能力等方面都有一个良好的积累过程,给他们以充分的自信和足够的自尊。自信心、自尊心、同情心、成就感等,和儿童的认知能力一样,都是儿童未来发展的基础,是他们走向成功的基石。

改正言语障碍儿童不良行为的方法
教师如何改正儿童的不良行为

教师可以从以下几个方面帮助言语障碍儿童改善行为

与孩子亲密接触

教会运用对抗反应

带动班级学生，对孩子进行支持和鼓励

171

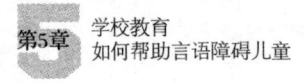

第5章 学校教育如何帮助言语障碍儿童

学校对言语障碍儿童的帮助

学校能够给予哪些帮助

单靠教师一个人的力量是不够帮助言语障碍儿童的。因此，学校在有条件的前提下，可以设置一些便利条件，帮助言语障碍儿童的生活和学习，从而更好地恢复和促进他们的言语能力与社交能力。那么，学校主要从哪些方面入手可以帮助言语障碍儿童呢？

首先要灵活运用学校里的各种资源对障碍的儿童进行帮助。班主任可以和其他科任课老师或是心理辅导老师联合来帮助有需要的学生。这种配合是非常重要的，仅有班主任的帮助达不到很好的教育效果。在学校里，需要帮助的学生，如果能同时获得班主任、心理辅导老师和来自校内领导等多方面的帮助，他将会有很大进步。

如果学校有为障碍儿童准备的特殊教育课堂，那么，在期末的时候有障碍的学生最好可以在特殊教育课堂进行单独的辅导，这样有助于在短时间内帮助学生的成绩得到较大提高。如果本学校没有特殊教育课堂，那么可以去就近的其他配有特殊教育课堂的学校插班上课。结合特殊教育课堂，对于那些缺陷较严重的学生，放学后可以在老师的陪同下进行个别辅导。这时根据儿童的具体情况进行教学，或是使用不容易引起注意分散的学习环境，或是学习学生感兴趣的东西，使用电脑等学生感兴趣的教学工具。

另外，还可以和学校外的其他机构进行合作。教师通过咨询有关专家在对障碍儿童的教育方法和个别指导计划上进行交流。也可以和医疗机构联合，对言语障碍等病症进行诊断时，教师对学生的日常观察是十分重要的参考资料。教师要尽可能地把学生的特殊行为和行为变化详细地记录下来。而且在医生诊断之后，如果要求障碍儿童服用药物，教师可以对在服药情况下的药效进行评价。对年龄较低的学生或是幼儿，教师要注意他们的用药时间，学生用药前和用药后的情况教师要定期和家长及医院商量。

老师在对障碍儿童进行教育的同时要注意自身对儿童障碍知识的提高。可以多看看有关言语障碍的论文和书籍。还可以上网调查一下相关的资料。在网络高速发展的今天，有效地运用因特网服务，无疑是最便捷的方式。

有条件的学校也可以请专人为教师进行培训和指导。

学校对言语障碍儿童的帮助
学校能够给予哪些帮助

学校可以从以下几方面帮助言语障碍儿童

班主任和其他科任课老师联合

个别指导

详细记录学生个人情况

搜索儿童障碍信息

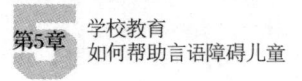

学校管理对言语障碍儿童的帮助
将有障碍学生的教育纳入学校的经营和管理

言语障碍和其他方面有缺陷的儿童在中小学中有相当一部分人群。因此，能否帮助他们健康发展也就显得格外重要。学校教育是对障碍儿童教育的重要组成部分。校长作为学校的核心应该发挥领导地位，把对有障碍学生的教育放进学校经营的视野，确立全校的共同帮助体制。

首先校长自身进修是十分必要的。当确立对个别有障碍的学生新的教育观点时，校长一定要明确这件事的意义，在实施过程中发挥领导作用。为此，各个学校的校长应参加各教育委员会组织的进修，在进修中积极交换意见和信息，在认识上得到共同的提高。

如果在全校范围内进行对特殊儿童的帮助，校长应该把对个别有障碍的学生新的教育观点和方法纳入到学校管理计划，并考虑其具体实施过程。在对个别有障碍的学生进行帮助的过程中不只是把儿童托付给班级担任指导这么简单，校长要站在整个特别帮助计划的最前头，号召全体教职员共同努力，有组织、有计划地进行。其次，随着儿童的长大，父母对儿童的控制发生了变化，在上小学之前是父母的控制阶段，进入到小学之后，就变成了父母和班主任共同控制的阶段。在此，学校老师对学生的障碍方面的了解就显得尤为重要，所以，要增加学校老师这方面的知识。

做到从学校到家庭，共同为学生的成长做好十全准备。在学校推进对个别有障碍的学生教育帮助时应该注意以下几点：从意识上由一个教师的提高到学校全体（改革意识）；建立为障碍儿童服务的组织（改革组织）；提高教师应对各个儿童特性的指导能力（提高能力）；仔细研讨各学科领域的指导计划和在教学过程中的注意事项并使其具体化（指导改善）；给学生创造能够实践知识的教育环境（教育环境的整备）；给关于特别帮助教育的学生和家长以理解（情感支持）；和其他专业机构进行交流（资源联合）。

学校的经营和管理制度有了障碍儿童的内容，可保证障碍儿童的自身发展，可以让障碍儿童更好地享受学生时代。

学校管理对言语障碍儿童的帮助
将有障碍学生的教育纳入学校的经营和管理

调动一切资源对有障碍的儿童进行帮助

对校长进行培训

对老师进行培训

对家长进行培训

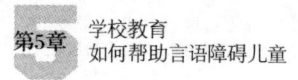
第5章 学校教育
如何帮助言语障碍儿童

校内特别帮助机构的设置
"特别"对待言语障碍儿童

对言语障碍等有学习困难的儿童,要从家庭、学校、社会三方面给他们以帮助。对有学习困难的孩子给予特殊教育,统合在学校内所有对障碍儿童有利的资源,最好在学校内部建立一个有专业素质的特殊帮助机构。关于这个组织形成方案需要依据各个学校的具体情况制定。可以是新设立的一个组织,也可以是在其他组织下的一个附属组织。

关于这个组织的作用有以下几点:在儿童的学习方面和行动方面进行观察,尽早发现那些需要特别帮助的学生。对那些需要进行特别教育帮助的学生,了解他们在日常生活中的方方面面,并根据他们的具体情况制作教育方案交予班主任具体实施。作为家长与其他专业机构联系的桥梁,对有需要特别教育帮助的学生制作个别的教育帮助计划。由于言语障碍的儿童经常被人误会,因此,要号召老师和家长对他们多加理解和支持。向言语障碍儿童的家长提供关于障碍儿童的教育和培养方面的信息。

关于此机构成员的制定同样要根据学校的规模和实际情况进行考虑。例如,校长、教导主任、有特殊教育经验的老师、有言语障碍学生班级的班主任、学校的年级组组长等,也可以根据需要在外边聘请一些相关的心理和教育专家。形成可以制作帮助方案和建立帮助体制所必需的人员构成。

对于这个机构它完成特别教育的情况怎样,应该有一套评价标准。机构应该对每一个障碍儿童的帮助状况定期以书面报告的形式提交给相关领导进行审批。这同时也是让学校中的教师了解这个机构存在价值的一个机会。而且在每一学期、每一年度都要对帮助的内容和方法进行评价,做出必要的修改。在这个过程中,需要收集障碍儿童在家和学校的所有情况,因此要积极与家长、班主任老师取得联系。一旦发现方案不适合该名学生,就要进行及时的修改。

校内特别帮助机构的建立,需要与学校、老师及家长通力合作,彼此建立联系,从而全面帮助言语障碍儿童克服生活及学习中的困难。

校内特别帮助机构的设置
"特别"对待言语障碍儿童

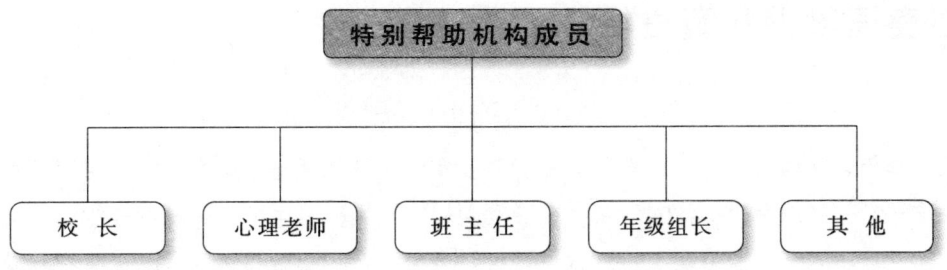

特别帮助机构的成员
在对学生帮助后的情况作总结

对儿童的进步给予奖励

177

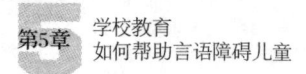

特殊教育课堂的设置
对言语障碍儿童进行小团体教学

特殊教育课堂是专门给有相似障碍儿童集体上课的课堂。这样的课堂可以更加针对孩子们的特点进行细致的教学。在课堂中根据学生的障碍特点和程度提供适合孩子的指导方法。在学校中建立特殊教育课堂，有利于学习困难学生成绩的提高。儿童在普通的课堂中由于教师教授的方式要适合绝大多数的学生，因此经常出现障碍儿童难以理解的地方，这些地方在特殊教育课堂可以得到弥补，但是这种课堂并不是长期设立的，只在学生期末考试之前开设。因为在普通的课堂中学生不但要学习知识，还要学习关于集体生活的各种规则，与他人的交往技能，等等。因此，孩子平时在普通课堂上课是十分必要的。

特殊教育课堂属于小团体教学，每个班级中的孩子不超过 10 人。因此，每个孩子都可以从老师那里得到更多的关注，而且上课的老师都是对这方面障碍十分了解，有着丰富经验。因此，障碍儿童可以获得很大的学习进步。对障碍儿童来说一个困扰自己很久的问题，一旦明白了就会有很强的成就感，对今后的学习也就有了信心，有利于以后的学习和工作。特殊教育课堂无疑使学生进入了一个良性循环。而且对于有注意缺陷或者个别障碍较严重的学生，学校可以进行单独辅导。在单独辅导的过程中，可以使学生的注意力更集中，而且在老师的督促下还可以形成良好的学习习惯，帮助他们树立学习信心，以全新的姿态投入到有效的学习中去。

日本的特殊教育课堂发展较早，各项功能和制度也相对比较完善。他们在教学内容上有着专门的教材，教师的备课压力也不是很大。在时间安排上也比较自由，一周最多上 8 节课，保证在学期末上够 30 个课时即可。上课的形式主要分为 3 种，学校本身就有特殊教育课堂的，儿童只要在本校内上课就好。如果自己的学校没有，可以就近到其他学校的特殊教育课堂上课。还有一种就是特殊教育课堂的老师在几个学校之间循环进行教学，应用多元的教学，为他们提供成才之路。

特殊教育课堂的设置
对言语障碍儿童进行小团体教学

特殊教育课堂

以图片代替文字

编制学习小组

学校特殊教育课堂的交流

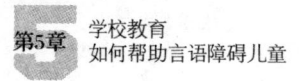

对特殊教育信息的传播
关注特殊教育节目信息的传播

在学校内可以通过校园广播的形式,传播特殊教育的信息。特殊教育的节目可以成为学校里有关人员及学生家长相互交流的窗口。

特殊教育节目的作用是十分重要的。好节目的制作和播出需要和学校内的有关人员沟通搜集新的信息以及对新的科研信息进行调查和整理。还可以开通家长求助热线,在让家长了解新信息的同时,帮助他们解决新的问题。具体可以进行如下活动:在学校里的作用,对学习困难学生有用的信息进行收集和准备,对班主任具体情况的了解,定期播放关于障碍儿童教育类的节目;联系校外有关机构的作用,收集和整理有关障碍儿童在校外有关机构的新的研究进展,收集专业机构对障碍儿童进行咨询时的信息,定期聘请教育专家和资深的咨询员来学校进行讲演等。在家庭方面,可以作为家长和学校沟通和交流的窗口。

在对特殊教育节目的策划人员进行选定的时候应该注意以下问题。节目的策划人员不但要注意到学校的整体情况,也要注意该地区盲、聋、哑等特殊教育学校以及相关机构并且可以在进行必要的教育帮助时集结尽可能多的教职员工。具备上述能力的人才能帮助教育节目办得更好,也使其发挥更大的作用。在具体人员的选定上可以根据各学校的实际情况自行决定。对各个学校指定的节目策划人也应该对他们定期进行培训,参加一些大学或教育局举办的特别教育辅导班,帮助他们提高自身的素质。而且这个人选也可以从原有的其他节目策划人中挑选。如关于校园中其他问题的节目制作人员,其实关于学生的问题很多,校园暴力、逃学、早恋等问题都是家长们所关心的,这样安排可以有效地增加教育资源的利用。以多种孩子喜欢的方式来对他们进行教育。例如,制作成小板报、卡片、短片的形式。这就对老师和学校的要求有所提高,不仅要知道一些特殊教育的知识,还要灵活运用这些知识制作成学生们喜爱的形式。

对特殊教育信息的传播
关注特殊教育节目信息的传播

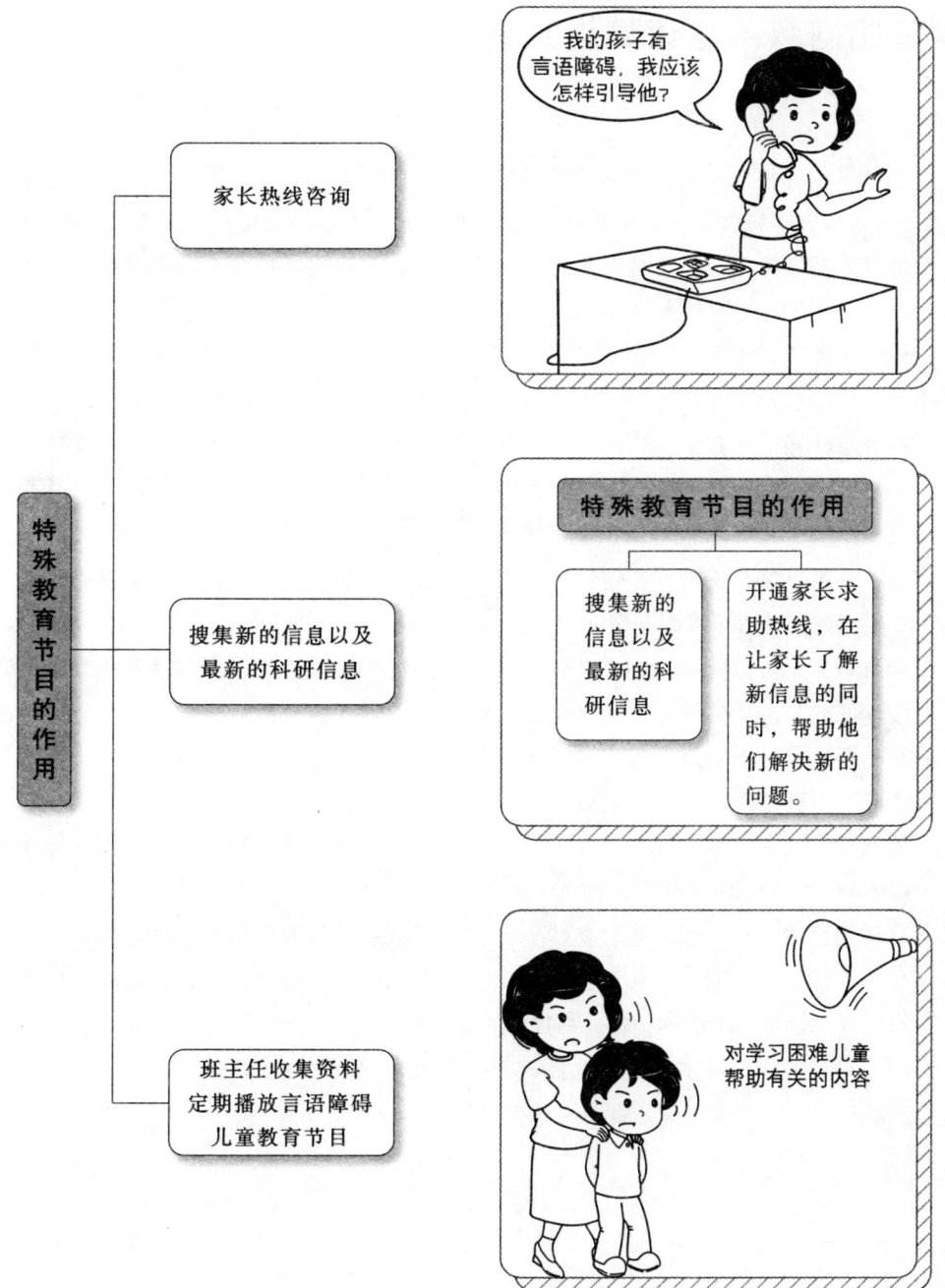

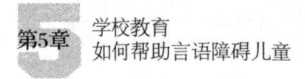

第5章 学校教育 如何帮助言语障碍儿童

学校教育言语障碍儿童的方式
学校如何教育言语障碍儿童

学校采取何种方式安置言语障碍儿童接受语言矫正与训练，是一个需要慎重考虑的问题。学校在收纳言语障碍儿童时，需要考虑的是尽可能将他们放在正常的环境当中，而不是将他们隔离开来，无法接触正常儿童和社会。不同学校可根据自己学校的实际情况灵活选择下列几种方式：

咨询服务 言语障碍儿童和其他孩子一样，就读于普通的学校，他们的言语矫正和训练也是由普通班级的老师提供，但是会在学校或这一片学区配有一名言语治疗专家，由他对普通班级教师、特殊教育教师、学校行政人员、家长等提供与言语矫正和训练有关的教材、教法、在职培训、示范教学和协助制定言语矫正与训练计划等项服务。

巡回服务 几所学校聘请一位语言治疗专家，由他轮流到各学校给来学校上课的语言障碍儿童提供直接帮助。这种方式在规模较小的学校和农村地区有很好的推广价值，能更好地帮助言语障碍儿童。

辅导教室 言语障碍儿童在普通班学习，但每周有固定的时间到辅导教室接受语言治疗专家的帮助。这种形式适用于言语和语言障碍儿童人数较多的学校。与此类似的另一种形式是，语言治疗专家在一个学校的辅导教室工作半天，其余时间到别的学校担任辅导教室教师或巡回服务人员。

特殊班 将言语障碍较为严重的儿童集中起来，设立特殊班，由语言治疗专家进行个别的和小组的训练与矫正工作。

言语诊疗中心或诊所 这种机构通常附设于医院、科研院所和大学之中，为儿童提供言语治疗和矫正服务。儿童文化知识的学习仍在原学校进行。这种形式可以对儿童的障碍进行较全面系统的分析，并提供完整的矫治计划。

学校可以根据自身的情况来选择不同的安置方式，一切都是以言语障碍儿童为主为出发点，可以让言语障碍儿童更好地恢复和适宜社会。

学校可采取以下方式对言语障碍儿童进行矫正与训练

咨询服务

巡回服务

辅导教室

语言治疗中心

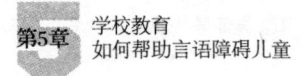

专栏五

言语障碍儿童的未来发展

言语障碍儿童对今后职业的选择不但要考虑到自身的兴趣爱好，还要考虑自身的认知缺陷问题。对职业的选择要尽早进行，综合的考虑自己的性格、气质、能力和兴趣等因素。升学和就业是人生的大事，因此自己应该做出慎重的考虑。兴趣对职业选择的重要性可能是你所始料不及的，因为人在做自己不喜欢的工作的时候可能会备感厌倦，在工作中得不到快乐。很多人忽视了这样一个事实：工作本身也是生活的一部分，工作质量的高低也决定了生活质量的高低，工作并不是毫无感情的，它的意义绝不在于只是生活的保障，实际上，它是实现理想的途径，是使生活快乐幸福的隐形伴侣。因此，在做职业选择的时候最好问一下"工作能给自己带来什么"。做一份能胜任同时又喜欢的工作，这才是人生真正的乐事。特别是言语障碍儿童，由于缺陷的问题在就业的道路上容易受到更多的阻碍。当遇到阻碍的时候，是选择继续努力坚持下去，还是选择就此放弃另谋出路。一个决定性的因素在于你在工作中是否获得了快乐。

就业是人生的一件大事，面对这个重要的选择，最好可以参考周围人的意见，因为周围人对你的评价往往更为客观。但是最后做决定还是你自己，因为这样可以增强自己职业的责任心，即使在工作的过程中产生了挫折，也有战胜困难的勇气和动力。言语障碍的儿童他们只是言语方面有障碍，别的方面他们还是会发展得很好。对于言语障碍儿童的爱好培养方面，家长要善于观察他们平时喜欢什么，然后为他们创造条件，让他们获得一技之长，为以后的生活打下很好的基础。

对于言语障碍的儿童来说，继续升学可能比其他人来得困难一些，因此在职业的选择上可以考虑其他的出路。如根据自己的兴趣爱好，选择一些职业技术学校。或是报考一些可以发挥自己特长的艺术学校。还可以通过职业资格考试，获得从事某项专业性较强的工作的资格。总之，就业的出路有很多，不要因为自身的缺陷而妄自菲薄，每一个人都有自己的优点或缺点，只要避开缺点，发挥优点在工作中还是会有很出色的表现。